JN248156

科学的に正しい ずるい資料作成術

越川慎司

元マイクロソフト 業務執行役員・
PowerPoint事業責任者

かんき出版

「今日もまた資料作るのに時間がかかったな……」

「いったい何度目の出し直しだよ……」

「なんでプレゼンした内容が伝わっていないんだ……」

「一生懸命作ったのに、誰もちゃんと見てくれない……」

こうしたストレスを抱えている人は実に多くいます。

しかし、もうご安心ください。

この本に書かれている方法を取り入れれば、

☞ 一発OKを引き出せる
☞ 相手を動かす

資料を誰でも簡単に作れるようになります。

元マイクロソフト　業務執行役員
PowerPoint事業責任者
越川慎司

1万人が動いた！

これが最速で一発OKを引き出すパワポ資料だ！

相手を疲れさせる「ダメな資料」

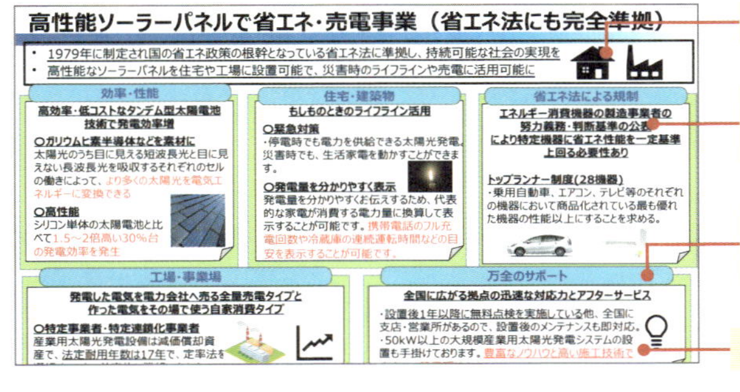

不要なアイコンが多い

「伝えたいこと」が全部入り。文字がぎっしりで見るのに疲れる

高彩度のカラーに視線が持っていかれる

赤字や下線が多い

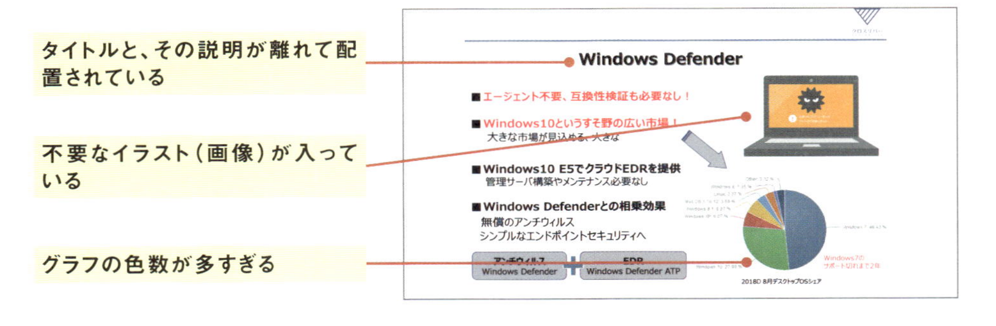

826人の意思決定者へのヒアリングと4種のAI分析で「勝ちパターン」を作成。そのパターンを4513人が2カ月にわたって実証実験を行ったところ、作成時間-20%、成約率+22%（37%→59%）に。なんと1.2万人の意思決定者にYESと言わせることができました。

10秒で一発OKを引き出す「伝わる資料」

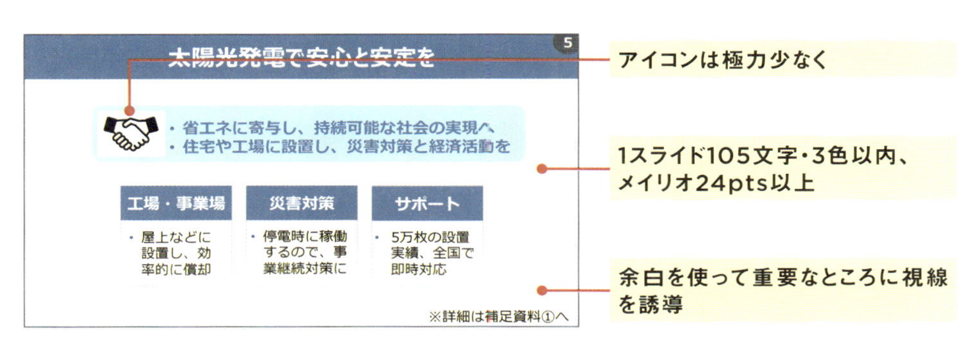

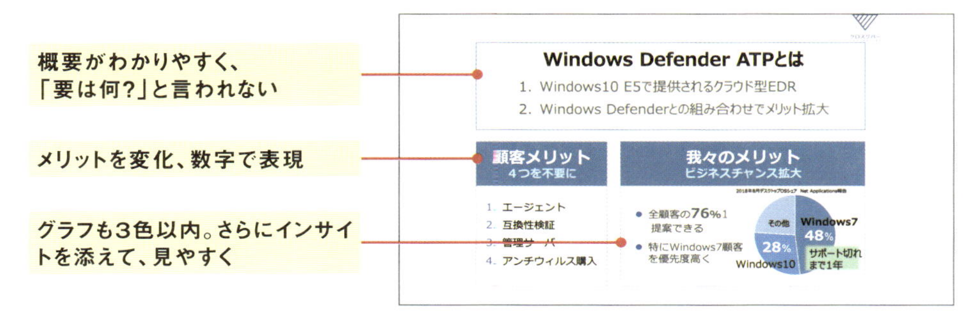

ルール その 1

1スライド105文字・3色以内、メイリオ24pts以上

文字が少なくスッキリ。伝えたいことが明確でわかりやすい

文字は白、メインは背景色の紺、アクセントに水色。配色のバランスが良く、狙いどおり水色が目立つ

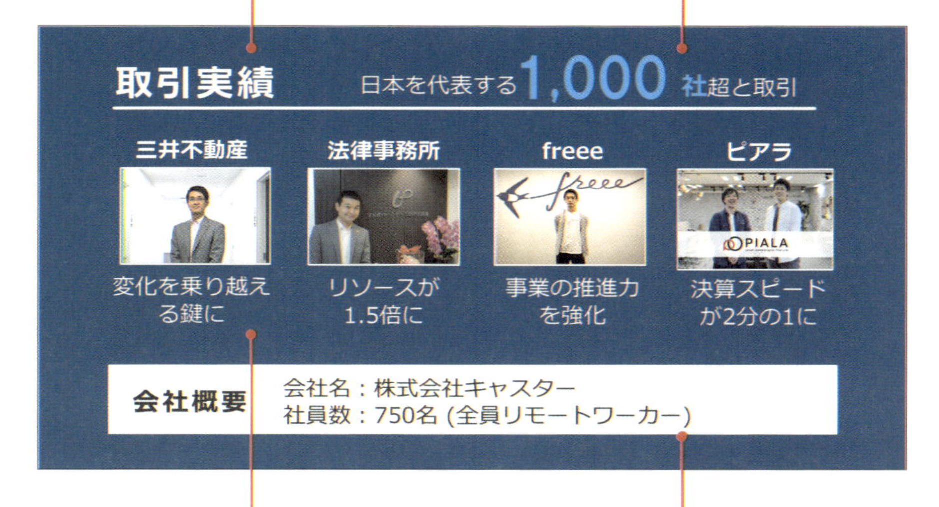

実績では、導入企業の変化（ベネフィット）が紹介されているので「伝える資格」があることをアピールできる

役員数や本社住所など、重要でないところは削る。その分重要な「実績」に視線がいく

相手は**10秒以内**にその資料がわかりやすいかどうか判定します。文字が多いと、10秒で読み終えることができず「わかりにくい」と判定されます。「わかりにくい」と思われる大きな要因の1つは「文字数」です。

メールでは、本文が105文字を超えると、一気に閲覧率が下がります。

この傾向をパワポ提案資料に反映させて4513人で実証実験したところ、94％の人が提出先から好評価をもらうようになった、と答えています。

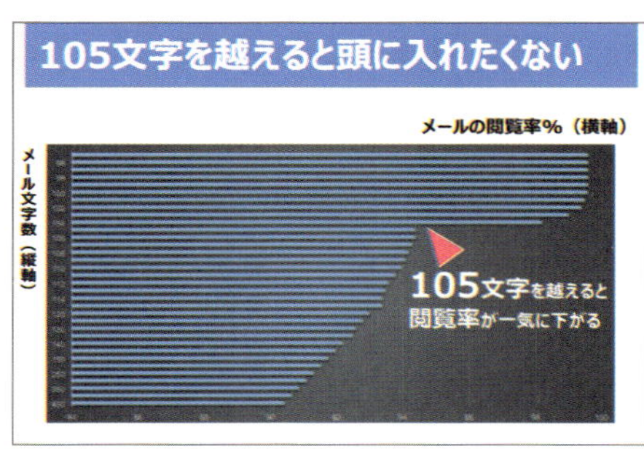

メールの文字数と閲覧率の関係

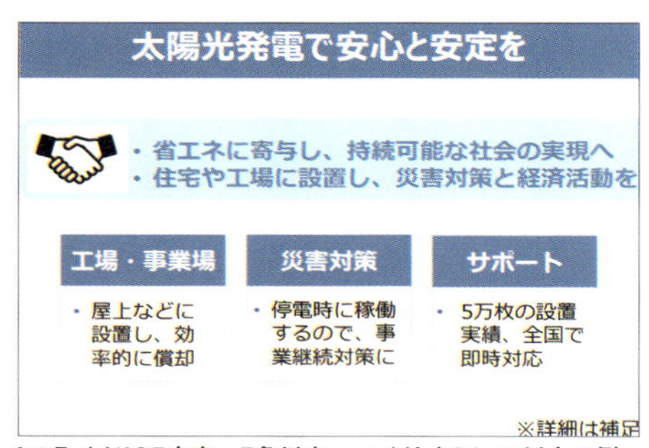

1スライド105文字・3色以内、メイリオ24pts以上の例

また、全国で集めた「人を動かした資料」を分析すると、文字数と使われているカラーの数は少なく、文字サイズは大きかったことがわかりました。

その後の実証実験で、**1スライド内に105文字・3色以内、メイリオ24pts以上**で提案活動をしたところ、案件成約率が22％上がりました。

ルール
その
2

対角線と白で視線を誘導する

左上から右下に向けて対角線上に視線が動くので、その線上にアイコンを配置し、視線を止める

重要な部分は白抜き文字で相手の印象に残るように

伝わってほしい文章を配置したココに視線を止めるように設計してある

下段項目で最も伝わってほしいのは左と真ん中であるので、対角線にかかるように配置

重要な部分の周りに余白が取ってあるので、視点を誘導しやすい

826人の意思決定者に対するヒアリングによると、**65%が左上から右下に視線を動かして情報を見る**ことがわかりました。

その対角線上で興味を持ったら視線が横に移動。再び対角線に戻り、右下に向かっていきます。**重要な情報を対角線上に配置すると、印象に残りやすい**こともわかりました。

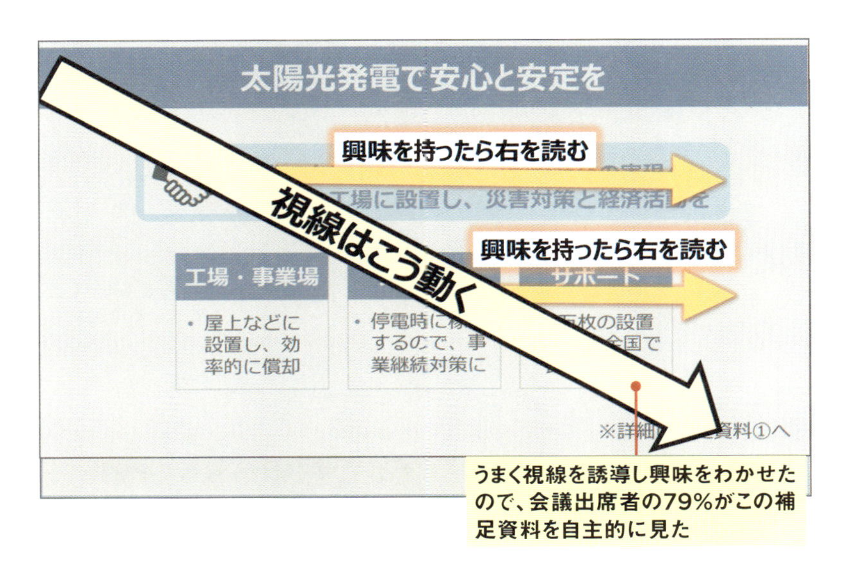

また、予想以上に白は影響を与えます。余白と白抜き文字です。**重要なことの周りに余白を作ると、視線を引きつけることができます。**

加えて、**特に伝えたい文字は白抜きにする**と、記憶に残りやすくなります。

ルール
その
3

矢印は5つ未満、アイコンは極力少なく

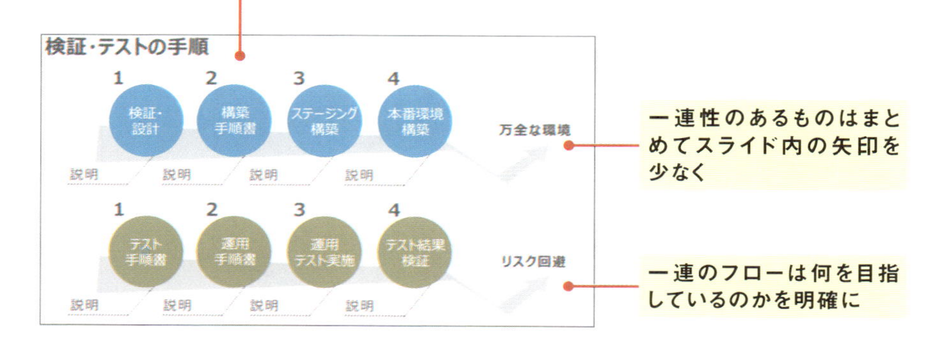

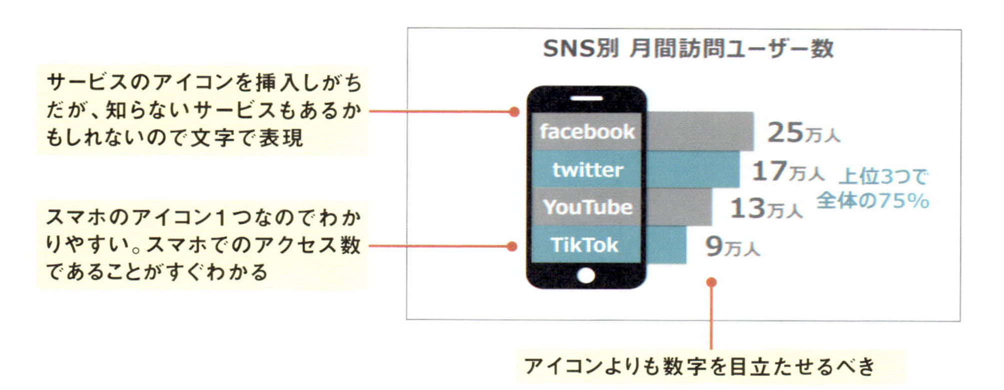

矢印とアイコンが多いと、相手を困惑させ、視線をコントロールできず、重要なことが伝わりません。相手を動かすために共に少なくしましょう。

具体的には、**1スライド内に矢印が5つ以上あると、58%の意思決定者はネガティブな印象を抱きます。**

矢印は5つ未満に抑えるようにしましょう。

<左ページ上のスライドの修正前>

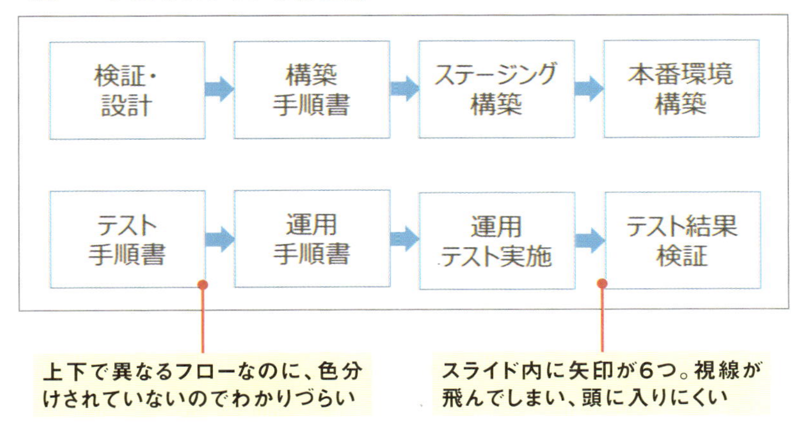

上下で異なるフローなのに、色分けされていないのでわかりづらい

スライド内に矢印が6つ。視線が飛んでしまい、頭に入りにくい

多数のアイコンを使うことも低評価。文字で表現できることはアイコンを使わない。

左ページ下のNG例

- アイコンを見ると、相手はそれが何であるのか、スライド内のどの情報と関係があるのか探してしまいます。
- SNSのアイコンも誰もが知っているわけではないので文字表記がおすすめです。

ルール
その
4

グラフはインサイトを添えて、3色以内に

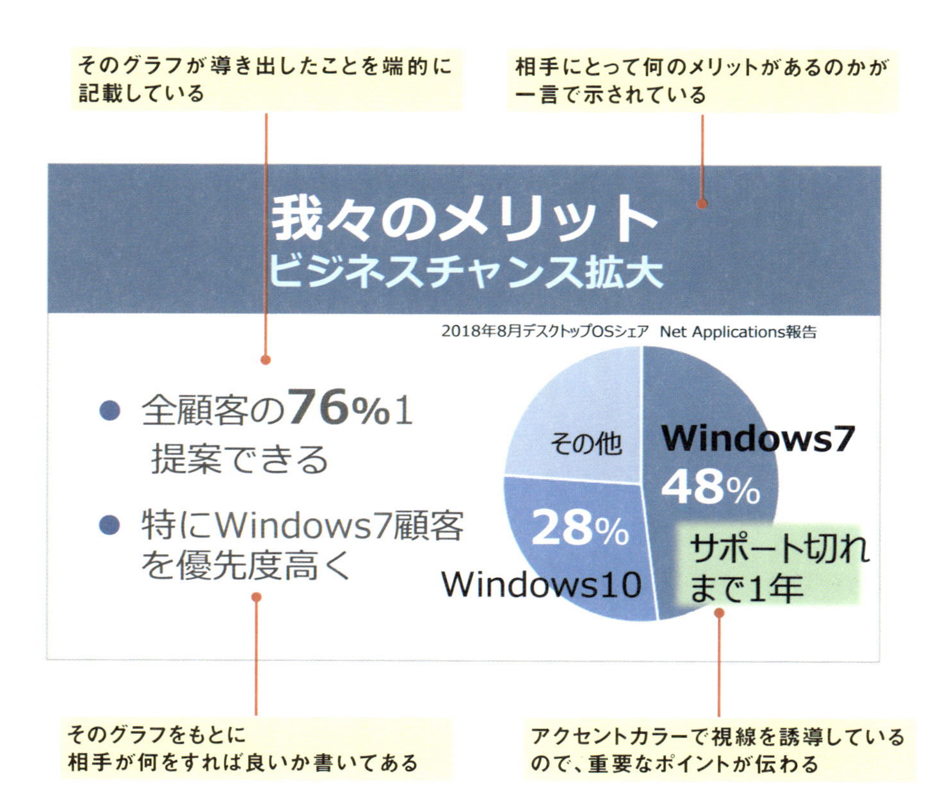

意思決定者は、グラフを見たいわけではなく、**そのグラフから導き出されたインサイト（学びや気づき）が知りたい**と思っています。

実際、意思決定者へのヒアリングで、多く使われた単語のトップ10に入っていたのが"インサイト"でした。

数字やデータが持つ意味や意義を明確にしないと、相手が自分で考えて推測することになり、脳を疲れさせてしまいます。

また、**グラフも3色以内に抑えましょう。**

そこにアクセントカラーを加えたり、数字の大きさを変えたりすることで、意図的に重要なことを目立たせることができます。

意思決定者の68%は、グラフやデータは好きなものの、うち70%以上が醜いグラフを見ることが多いと不満を抱いていることがわかりました。

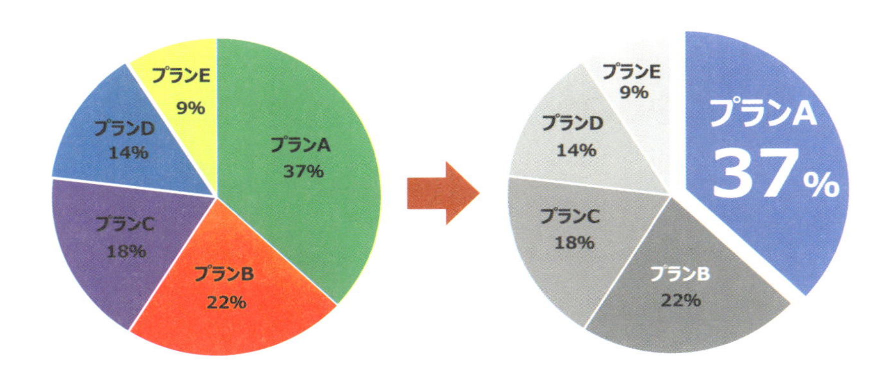

カラーは3色以内で、
重要項目にアクセントカラーを使うとわかりやすい

ルール
その
5

メリットを「変化」「数字」で表現

この会に入会したら具体的にどのような変化（効果）があるのかがわかる

「3つの」や「100名の」と数字を使って効果を説明している

若担会の３つの特徴

100名の異質がつながる　摩擦が革新を生む

100名が講師でもある　会員それぞれが知見を持つ

100名で自主運営する　受け身の人はいない

教えて「もらう」ではなく
教え・学びあう
社内外で人材価値アップ

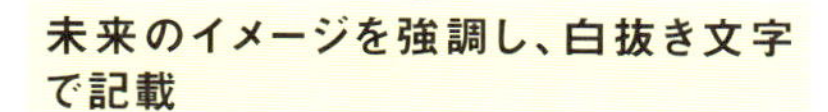
未来のイメージを強調し、白抜き文字で記載

若竹が自立して成長した未来を画像で表現している

意思決定者は変化を求めています。課題を抱えている現状から、その課題が解決された未来に移りたいと思っているわけです。

したがって、**その未来をしっかり意識させて、その変化を数字を入れて説明**することがポイントです。

こうすることで、資料作成者のことを信頼するとともに、その変化を自分ごとと捉え、行動を起こしやすくなります。

未来は感覚で判断されるものですので、**望んでいるシーンを想起させられるようにイメージ画像をスライドに挿入**するのが効果的です。

ヒアリング調査では、87%の意思決定者が左ページのスライドを「効果がわかりやすい」と答えました。

<左ページのスライドの修正前>

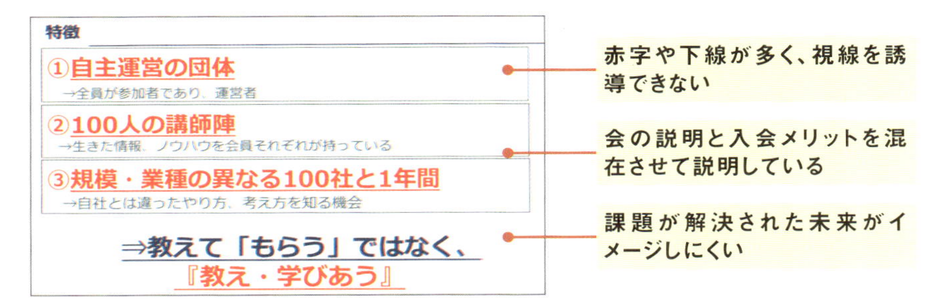

<成功スライドのサンプル>

笑顔あふれる画像を背景に使い、未来を具体的にイメージさせている。文字で説明を加えるのも有効

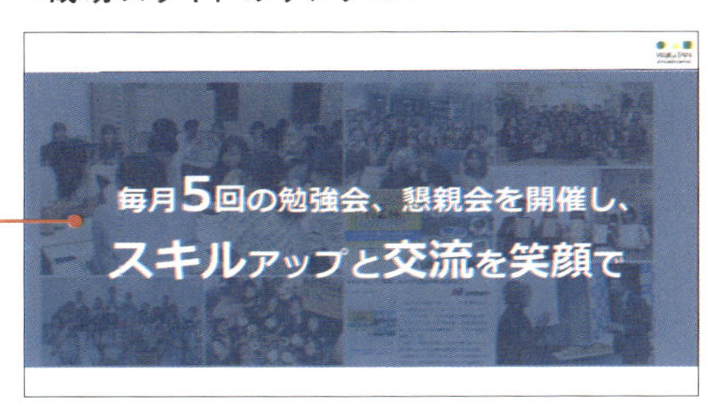

ルール
その
6

5枚に1枚は画像もしくは動画を入れる

画像には端的な説明文章（キャプション）を入れる。白抜き文字は記憶に残りやすい

高画質の画像で視覚にインパクトを残す

この画像を出した意味を付け加えると、「要は何?」とは言われない

意思決定者を飽きさせ、疲れさせないためには、「画像」と「動画」を適度に使ってインパクトを出しましょう。

意思決定者のヒアリングで有料の高品質画像とそうでないものを比較したところ、同じコンテンツでも有料画像のほうがわかりやすいと答える方が73%もいました。

また、パワポには**「画面録画」**という機能があり、パソコン上の操作画面を録画して、その動画をスライドに貼り付けて再生することができます(詳しくは84ページ)。

<飽きさせない工夫>

興味を惹く
画像

五感を刺激する
動画・音

<商用利用もOK！高品質の有料動画サービス>

Adobe Stock
https://stock.adobe.com/jp/
月額 3480 円～

Shutterstock
https://www.shutterstock.com/ja/
月額 3500 円～

科学的に正しい “ずるい”資料作成術を実践した人たちの声

パワポを丁寧に作ることが目的だった自分が恥ずかしくなりました。相手のことを考えてコンテンツを煮詰めることに時間を費やすようになり、結果的に資料作成の時間が激減しました。

（製造業、30代、男性）

正直に言うと「あんな大胆な資料では相手を動かすことなんて無理！」と思っていましたが、お客様との対話が増え、営業成績はアップ。変更後5カ月連続で目標を大きく上回っています。

（IT企業、40代、女性）

資料作成は振り返ることによって成功かどうかわかる、ということが目から鱗でした。今までは作業を完成させることで満足感を得ていましたが、これからは相手を動かせたかどうかで達成感を得たいと思います。

（商社、50代、男性）

データに基づいた作成術でしたので、腹落ちできました。今では、自社で、この作成術を指導する立場になり、社長の資料は私が作成しています。

（運輸業、30代、男性）

シンプルな資料に作り替えて恐る恐る資料を提出したら、気難しい部長から初めて褒められました！ 考え抜いたコンテンツだと評価されて、その企画は採用されました。

（食品メーカー、20代、女性）

実証実験に参加させてもらいました。「重要なことに絞る資料」を作るようになり、顧客への提案で自信が持てるようになりました。顧客から褒められるようになって仕事が好きになりました。

（ヘルスケア企業、20代、女性）

はじめに

Microsoft PowerPoint（通称パワポ）は、初期バージョンのリリース以来30年以上が経ち、小学校の授業や結婚式の披露宴、カレンダー作りなど幅広い用途で使用されています。

日本のパワポ普及率は世界の中でもトップクラスです。私はマイクロソフトでパワポを含めたOfficeの事業責任者を務めていましたので、ここまで愛用される製品を担当できたことは嬉しい限りです。
しかし、「ビジネスシーンで十分に活用されているか」というと疑問が残ります。

私はマイクロソフト卒業後に起業して500社以上の働き方改革を支援しており、パワポを作ることを目的にしているビジネスパーソンを多く目にするようになりました。小さい文字で敷き詰められたスライドにカラフルなグラフまで入れて、夜遅くまでコツコツと作っている方が多くいます。
こうした方々は良かれと思って長時間の作業をしており、完成したらその充実感を持って家路につきます。
しかし、成果を残すことができません。次回も同じ方法で作成しても成果は出ず、教本を買って学んでも成果がなかなか上がりません。

ところで、あなたは富士山の頂上に登ったことがありますか？
山に登る人は頂上にたどり着くことを目指して、登山用の服を買ったり早く起きたりして準備します。散歩をしていたらたまたま富士山の頂上に着くということはありえません。

これと同じことが資料作成でもいえます。
資料を作成することは「目的」ではなく「手段」のはずです。

にもかかわらず、目的を決めずに資料を作成してしまうことはありませんか？　提案資料を作るために、スライドに文字と図形をぎっしり埋めてしまい、気づいたら思っていた以上に時間がかかり、「ようやく資料が完成した」と充実感で満たされていませんか？

「目的を達成するために資料を作成している」ということを常に意識しておこないと、山道で迷い、永遠に頂上に達することはありません。

　では、資料作成の目的とは何でしょうか？
　私の講座を受けに来たビジネスパーソンにこう質問すると、85%が「伝えたいことを伝えるため」と答えます。

　しかし、それは間違っています。
　資料作成の目的は伝えることではなく、その先です。**思いどおりに相手を動かすこと**なのです。
　そのために「どうしたら良いか？」と考えます。きれいな資料を作ることではなく、相手を動かすにはどうしたら良いかを考え抜くのです。

　本書は、単にパワポ資料の作り方を紹介するのではなく、あくまでも「相手を動かすこと」を目標と設定し、そのための正しい手段を紹介します。

　こうやればうまくいくだろうという上から目線の教本ではなく、**「人を動かすことができた資料」から遡り、再現性のある勝ちパターンをまとめたものです。**
　5万1544枚のパワポ資料を収集・分析したことによって得た成功パターンであり、それを使って**4513人が実証実験を行ったところ、94%の人が成果を残した再現性の高いノウハウです。**

　ぜひ、学んで終わりではなく、これからあなたが作るパワポにこの法則を使ってみてください。きっとあなたの成果と意識が変わるはずです。

科学的に正しい ずるい資料作成術

目次

第1章

「一発OK」を引き出す資料作成のずる技14

第2章

画像・動画・グラフをうまく活用するポイント11

第3章

準備で9割決まる!成功するための心がけ11

第4章

「一発OKプレゼン」を実現するテクニック8

第 5 章

元パワポ責任者が教える年80時間の時短術9

ブックデザイン　山之口正和(OKIKATA)
カバーイラスト　ヤギワタル
DTP　白石知美(株式会社システムタンク)

序章

826人の意思決定者へのヒアリング、5万枚以上の資料をAI分析してわかったこと

相手を動かす資料を作るために、「こうしたら動いた」「こうしたら動かなかった」という調査データが必要だと思いました。そのデータをAIで分析して出た結果をお伝えします。

全国で集めた
5万枚以上のパワポ資料

資料作成の目的は、洗練されたデザインにすることでも、ロジカルに伝えることでもなく、**相手を思いどおりに動かすこと**です。

デザインや説明手法はあくまで手段。相手に資料を見せて、「きれいな資料ですね、以上」ではダメです。相手に動いてもらわないといけません。

顧客への提案資料であれば、その内容を理解して採用・決定してもらうことが目的です。社内の共有資料であれば、その情報をどういうときにどのように活用してもらうかを決めて、そのとおりになれば成功といえます。

つまり、提示した資料をどのように理解してもらい、どう動いてもらうかを設定しないと、本来の目的は達成されないのです。

相手が動いてくれれば、あなたの成果は上がり、あなたが抱える社内のトラブルも解決でき、思いどおりに物事を進めることができるでしょう。

では、どうすれば相手が動くのか？

その答えを知っているのは、「相手」、つまり資料の提出先です。

そう考えた私は、100万円以上の予算をかけて決定権を持つ全国のビジネスパーソン826人とコンタクトを取りました。

そして、同じ中身の複数の資料を見せて「どの資料があなたの意思決定に影響を与えましたか？」「どれがあなたの行動に影響を与える可能性がありますか？」と聞いて回りました。

最終的に、**526社14業種、13部署の826人**にお会いしました。

役職は経営者から執行役員、部長、課長に至るまで、予算と決定権を持っていて社内外の「決める」行為をする方々です。中には秘密保持契約を結び、実際に意思決定に大きく影響を与えた資料をお借りしたケースもあります。

また現在、業務委託で働き方改革を支援するクライアント企業26社にも協力してもらい、「トップ営業パーソンが大型契約を獲得した資料」「抵抗勢力を説得した資料」「役員会議で称賛を得た資料」を集めて分析しました。

集めた資料は5万1544枚、ヒアリング時間は700時間を超えました。

それを各社のAIサービス（AmazonのAWS、MicrosoftのAzure、GoogleのGCP、IBMのWatson）を使って分析し、相手を動かす資料の「勝ちパターン」を導き出しました。

また、そのパターンは本当に効果を出すものなのかを確認するために、**クライアント企業9社4513人で2カ月間の実証実験をしました。**

それまでと同じ提案資料で、その「勝ちパターン」に沿ってパワポ資料を作り、それを使って商談に行ってもらいました。

すると、**4513人の商談成約率は平均22%アップ**、さらには、**資料の作成時間はそれまでよりも平均20%ダウン**したのです。

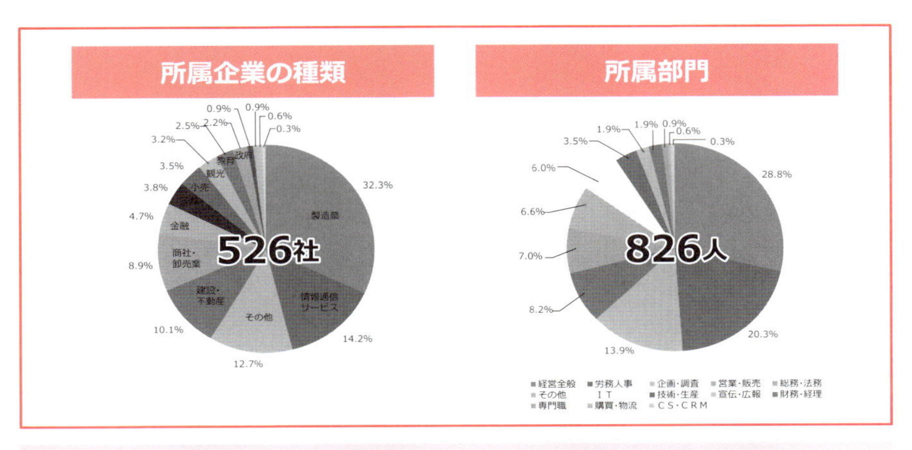

▶526社14業種、13部署の826人に行った調査

どのようにAI分析をしたのか？

今回の調査では、4種類のAIを活用しました。

ヒアリングでは許可を得てやりとりを録音・録画し、GoogleのSpeech APIで録音データを文字に変換。録画データはMicrosoft Azure Cognitive APIで感情分析。文字データはIBM Watsonのテキストマイニングで種別・傾向分析。パワポ資料は人手で画像変換し、Microsoft Azureで画像解析、Amazon Web ServiceのDeep Learningで勝ちパターンを導き出しました。

複数社のAIを使うことにより分析の精度を高めて、「一発OKを引き出した資料」の特徴・傾向を抽出したのです。以下では、実際に行ったAI分析の3ステップを紹介しましょう。

＜AI分析のステップ1＞

まず、多種多様なパワポ資料を集めます。次に、意思決定者のヒアリングをもとに、人を動かした資料、人を動かす資料にラベルを付け、そうでない資料と区分けします。また、ヒアリングでの発言で嬉しさを示した言葉、怒りを示した言葉も区分けします。

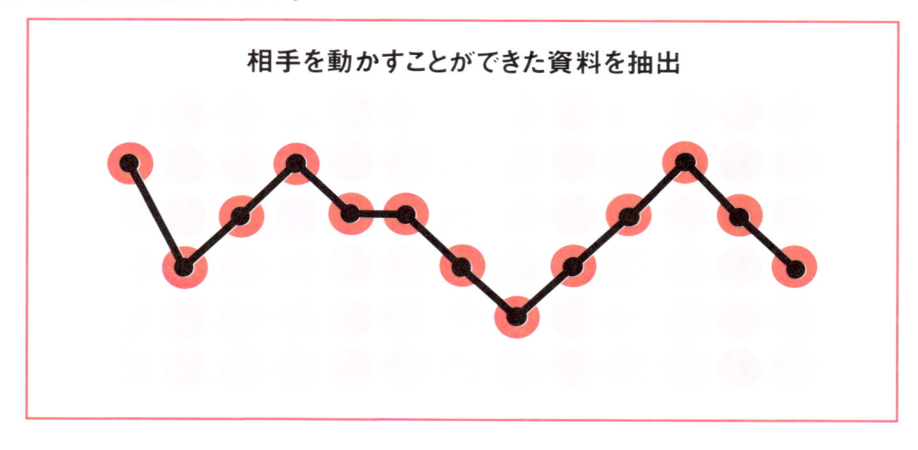

＜AI分析のステップ2＞

成功のラベルを付けた資料をピックアップし、その特徴や共通点（文字数、多く使われるキーワード、カラー数、画像の使用頻度、画像やアイコンで多く使われるものなど）を見つけ出します。「人を動かした資料」以外でも、ヒアリングでの発言頻度の多い言葉、その発言をしたときの感情も分析します。

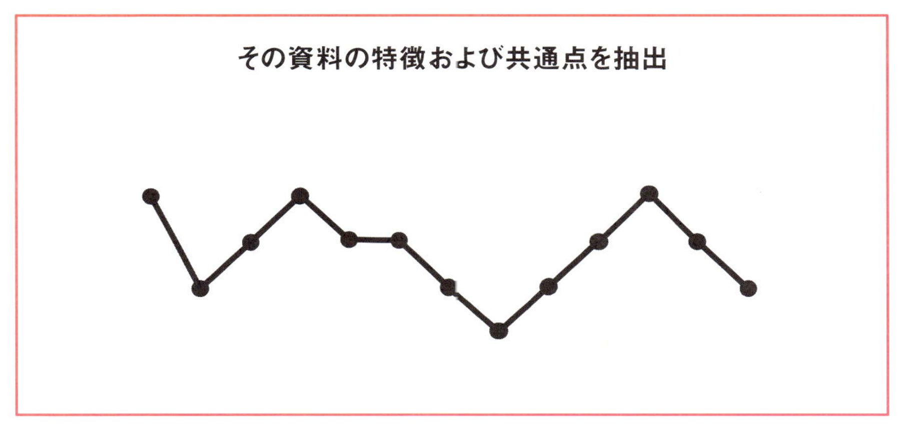

＜AI分析のステップ3＞

「人を動かした資料」と「そうでない資料」の比較をします。例えば、「人を動かした資料の1スライドにおける文字数の平均は、そうでない資料の1/3以下である」という分析などです。この法則（アルゴリズム）があれば、作成している資料が人を動かすかどうかの簡易判定もできます。

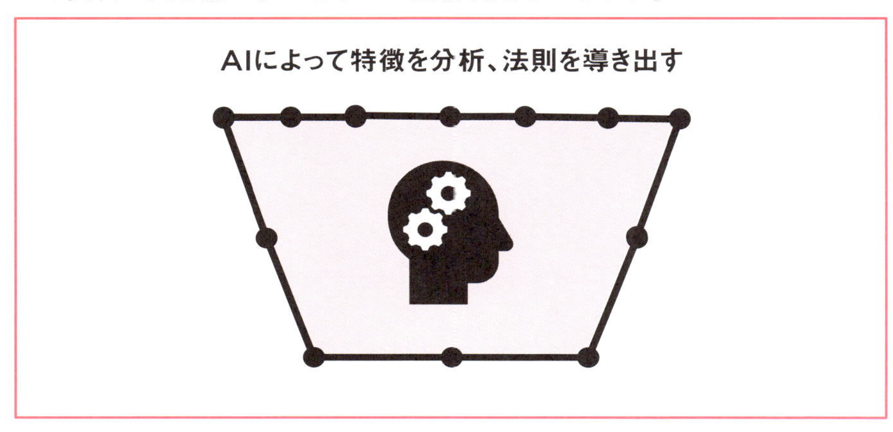

AIを使って導き出した「勝ちパターン」とは

この調査および分析の結果、意思決定者は「作成者とは異なる視点」で資料を見ており、作成者が時間をかけて凝った部分はむしろ悪い影響を与えていることもわかりました。つまり、**時間をかけて作成したのに相手を動かすことはできず、成果が出ていないケースが多かった**のです。

整理すると、以下の３つのポイントが判明しました。

＜ヒアリングとAI分析でわかったこと＞

1．わかりにくい資料は10秒ではじかれる
2．役職ごとに重視するポイントが異なる
3．数字と少ない色数がインパクトを与える

順番に説明していきましょう。

1.わかりにくい資料は10秒ではじかれる

マイクロソフトでパワポの責任者を務めていたときから、顧客からの「わかりやすいスライドを作るためには、どうしたらいいですか？」「この資料のどこが悪いでしょうか？」という質問に対してよく答えていましたが、826人の意思決定者へのヒアリングを通じて、改めて「わかりにくい資料」の特徴がわかりました。

「わかりにくい資料」とは、端的にいえば**「情報量が多すぎる」**資料です。

文字はもちろん、カラー、アイコン、矢印など作成者が良かれと思って大量の情報を資料に載せると、それが逆効果になってしまうのです。

資料にある情報は五感を通じて脳に入れるわけですが、五感の中で圧倒的に脳に入ってくるのは、「視覚」による情報です。私が講演で喉を枯らすぐらい頑張って喋っても、私の言葉は忘れられてしまいます。つまり、**視覚で相手の頭に入れるという戦略を考えたほうがいい**ということです。

一方、「わかりにくい資料」だと答えるケースの69%以上が15秒以内でした。

これにより、**10秒以内に、「わかりやすい」もしくは「わかりにくい」の判定ができなければ「わかりにくい資料」である**、という仮説ができました。

この仮説をもとに、4513人で実証実験したのですが、「わかりやすい」と資料の提出先が評価してくれたものは、そうでないものよりも成約率が2.2倍の差がありました。

この調査でわかったことは、資料を見た最初の10秒で判定を行い、「わかりやすい資料」になれば、人を動かす確率が上がる、ということです。

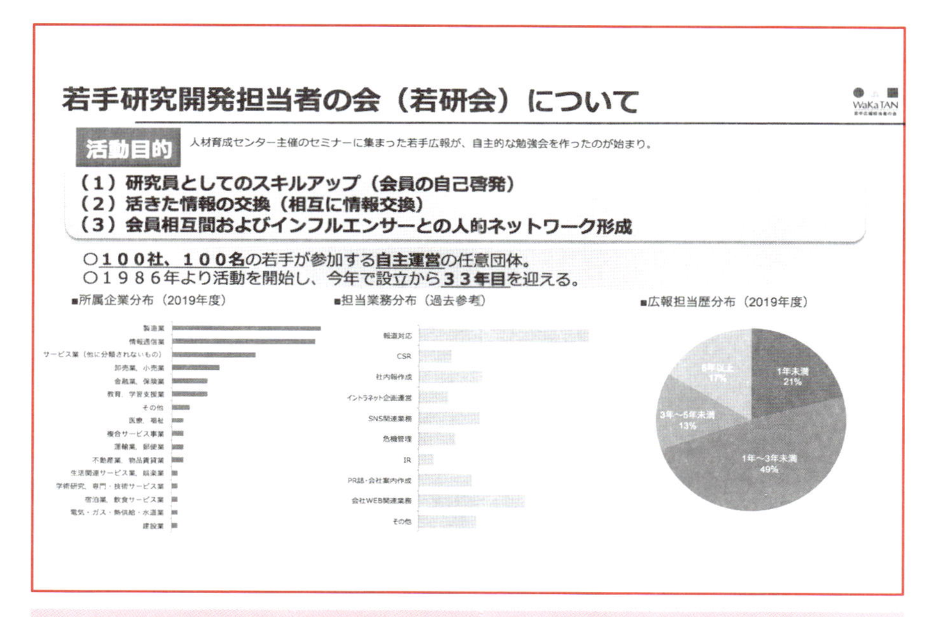

▶「10秒で判定ができない」わかりにくい資料の典型例

2.役職ごとに重視するポイントが異なる

社長から課長クラスまでさまざまな役職の方にヒアリングをしたところ、役職ごとに資料の捉え方、判断の仕方が異なることが判明しました。

同時に、異業種であっても役職が同じであれば、似た傾向で意思決定することもわかりました。

下の図では、経営者からエンジニアの決定方法や趣味嗜好を表しています。

例えば、一番上の**経営者は、実は論理ではなく感情で物事を判断**しています。

会社という船の操縦を担う経営者は、もちろん利益を追求し株主に還元することが目的です。

しかし、その物事の決定においては必ずしも投資対効果などで判断していないのです。経営者は他の役職者よりも長期的な視点で物事を捉えているので、それ（提案）によってどうなるのか、という未来創造価値を重視しています。

聞き手	決定方法	数字	競合比較	情報量
経営者	感情派	↑ 大好き	↑ 好き	↓ 少ないほうがいい
役員	↑ 論理派			
部長				
課長				
担当者		苦手		
開発者 エンジニア	感情派	データは好き		多いほうがいい

▶役職・属性ごとの特徴

これは「感情価値」を重視しているからで、痛みを取り除く課題解決アプローチとは異なり、未来に対して嬉しさが増していくという志向のものです。

つまり、経営者に提示する資料は

- **ロジカルに1から10まで説明するよりも、インパクトがあって感情を響かせるもの**
- **年配の方が多いので、文字サイズは大きく・文字数は少なめに**

ということを考慮すると、一発ＯＫを引き出しやすくなるのです。

これらを踏まえ、「上級役員は論理派だから、データと事例を使ってロジカルに攻めたほうがいい」「開発者はホワイトペーパー（技術文書）が好きだから、スライドはコンパクトに説明をしておいて“詳細の資料は補足資料にあります”と誘導するほうがいい」など相手に合わせて正しい準備ができます。このノウハウについては106ページで詳しく解説します。

ただ、相手の属性ごとに資料を作り変えていては効率が下がります。

そのため、**すべての属性に響きやすい統一ルールを作り、それに従って作成する**のが得策です。

例えば、どの属性でも情報量が多いスライドは嫌う傾向にあります。

さきほど説明した「わかりにくい資料」という位置づけです。文字量が多いスライドを目にすると、残念ながら相手は疲れ、見る気が失せてしまい、結果的に伝わりません。

すべての属性に響きやすい勝ちパターンについては、第1章で詳しく取りあげます。

3. 数字と少ない色数がインパクトを与える

意思決定者の心を動かすのは、課題解決と感情価値です。

今感じている痛みを取るという課題解決、そして未来の理想像を実現する感情価値の2つに魅力を感じて意思決定します。それを納得させるために数字を用いることが有効ではないかと予想しました。

この仮説を検証すべく、4513人を対象にした実証実験で、なるべく数字を使って実績と調査結果を示すように試みました。

直接的な因果関係は導き出せなかったものの、成約率22%アップという結果が出たため、数字が影響を与えている可能性が高いといえるでしょう。

特に**冒頭の自己紹介（会社概要紹介）では、数字で実績を説明し信頼を獲得する**こと、そして**説明によって相手に与える価値（メリットや効果）は数字を用いて表現**できれば相手の納得感が増し、さらにそれを**最後のまとめで説明**すれば相手が動く可能性が高いことがわかりました。

また、意思決定者は資料説明の冒頭でおおよその方向性を決めています。それが正しいのか、それとも正しくないのかを確認しています。その確認作業で必要となるのが**納得感**です。自分が正しいことを客観的に確認したいのです。

そのために有効なのが、

①数字、②再現性、③信頼できる第三者の意見

の3点です。

相手はこれらの素材を探しています。この3点は冒頭と後半で出てくると、相手の納得度が増すこともわかりました。

また、AIのComputer Visionという機能で「相手を動かした資料」内の配色を調べたところ、スライド内で使用されている色の数が少なく、**平均で3.5種類**でした。各スライドではおおよそ3色か4色が使われているということです。

色の使い方の詳しいノウハウは第1章で取り上げます。

COLUMN

各社のパワポ職人は営業成績が伸び悩んでいた

目的を明確にしてから作業に取り組まないと、絶対に成果は出ません。

私は全国各地でパワポ資料の作成講座を開催していますが、多くの受講者はさまざまな機能を習得しようとしたり、きれいなパワポを作ることにこだわったりしていました。

中には、パワポ責任者であった私に7時間かけて作成した豪華な資料を自慢してくる強者もいました。

そのような**"パワポ職人"**は営業部門に多くいるわけですが、「その資料でどれくらいのビジネスを生み出したのですか？」と聞くと、はっきりした回答は返ってきません。

「周りからすごいと褒められた」とアピールしてくる人に「褒められるために作成したのですか？」と質問したこともありました。しかし結局は「結果として褒められただけで……」と返されます。

私がそのような質問をするのは、パワポ自慢よりビジネス成果を自慢してほしいからです。営業担当であればなおさらです。

資料作成の目的は「相手を思いどおりに動かすこと」ですので、結果が出ているかどうかを振り返らなければ、「そのパワポがすごい」のかどうか判断できません。

なぜ資料作成の作業をやっているのかをはっきりさせて"腹落ち"することが必要です。

そうしないと作業自体が目的となってしまい、本来の目的を達成できません。決して、情報量が多いパワポ資料を夜遅くまで作って、充実感を得てはいけないのです。

今求められているのは、成果を出すことによる達成感です。労働時間の長さや根性で、充実感を得てはいけません。

例えば提案資料であれば、その提案を相手が受け入れてくれれば成功です。

相手がどういう人で、どうすれば決めてくれるのかといった戦略を練ることで、目標達成に近づきます。水が飲みたい相手にいくら高級なコーヒーを出しても喜んでもらえないのです。

第1章

「一発OK」を引き出す資料作成のずる技14

相手を動かすことに成功した資料を分析して導き出した「少ない労力で大きな成果を上げる技」をまとめました。

1スライド「105文字以内」

本章では、意思決定者へのヒアリング、AI分析を経て導き出した「一発OKを引き出す資料作成の“ずる技”」を紹介します。なぜ“ずる技”なのかというと、このメソッドを使うことで圧倒的に資料作成の時間を減らすことができ、成果が出やすくなるからです。これは何も知らない人からすると、思わず「ずるい」と言いたくなるほどのものでしょう。

情報量が増えれば処理時間が長くなり、相手の脳を疲れさせますので、1スライドに入れる文字や図形は少ないほど「わかりやすく」なります。

実際、「人を動かした資料」とそうでない資料で、記載された文字数に大きな差が出ました。

「人を動かした資料」に記載されていた文字数(表紙と最終スライドを除く)は、1スライド平均135文字でした。

一方、そうでない資料は320文字でした。その差は2.4倍です。

さらに検証では、**1スライドに105文字以内**にすると相手を動かしやすくなるという結果が出ています。一発OKを引き出すには、できる限り少ない文字数で重要なことに絞ることが大切ということです。

この105文字以内ルールは、もともとメールの閲読率を調べていたときに見出したものでした。ITツールを使って調査・分析したところ、メール本文が105文字を超えると、閲読率が下がる傾向にありました。パソコンだと1画面に収まり、スマホだと画面スクロール3回以内で読むことができる文字量です。

調査では、冒頭の105文字で概要を簡潔に書き、後で「詳細は以下をご覧ください」と記載すると閲読率が高いことがわかりました。

省エネ法（エネルギーの使用の合理化等に関する法律）の概要

- 省エネ法（エネルギーの使用の合理化等に関する法律）は石油危機を契機として昭和54年に制定された
- 工場等、輸送、建築物及び機械器具等についてのエネルギーの使用の合理化に関する所要の措置、電気の需要の平準化に関する所要の措置その他エネルギーの使用の合理化等を総合的に進めるために必要な措置を講じている。

工場・事業場

事業者の努力義務・判断基準の公表

特定事業者・特定連鎖化事業者

(エネルギー使用量 年1,500kl以上の場合)
・エネルギー使用状況届出書(指定時のみ)
・エネルギー管理統括者等の選解任届出書(選解任時のみ)
・エネルギー管理者等の選定義務
・エネルギー使用状況等の定期報告義務
・定期報告書(毎年度)及び中長期計画書(原則毎年度)の提出義務

運輸

事業者の努力義務・判断基準の公表

特定輸送事業者(貨物・旅客)

(保有車両数：トラック200台以上、鉄道300車両以上等)
・エネルギー使用状況等の定期報告義務

特定 荷主

(年間輸送量が3,000万トンキロ以上)
・計画の提出義務
・委託輸送に係るエネルギー使用状況等の定期報告義務

住宅・建築物

建築主・所有者の努力義務・判断基準の公表

特定建築物(延べ床面積300㎡以上)
・新築・改修を行う建築主等の省エネ措置に係る届出義務・維持保全状況の報告義務

住宅供給事業者(年間150戸以上)
・供給する建売戸建住宅における省エネ性能を向上させる目標の遵守義務

各種届出等のフロー・詳細

届出・指定・選任届：事業者ごと（既に指定を受け手いる事業者を除く）

弁明が無い場合は手続き不要、一定期間経過後に指定通知書届く

エネルギー使用状況届出書 → 届出 → 受理 → 指定通知書 → 弁明機械の付与 → 弁明がある場合は弁明書 → 受理 → 個別対応

事業者ごとにエネルギー管理統括者の選任 → 届出 → 選任後、最初の7月末日までに → 受理 → 事業者ごとにエネルギー管理企画推進者の選任 → 届出 → 選任後、最初の7月末日までに → 受理

悪い例

文字が多くて読む気が失せる。矢印や画像、アイコンに視線が奪われてしまい重要なポイントがわからない。作成時間67分。

省エネ政策

- 石油危機から、危機感を持って取り組む
- 省エネ法で、各分野で効率向上を求めている

製造・運輸で	住宅に	届け出
・事業者への努力義務を公表	・特定建築物に省エネ措置を義務化	・実現に向けてチェック機能を強化

良い例

97文字で作成。十分な余白が取れるので、重要なポイントに視点を誘導しやすい。アイコンに目を留めて横の2行を読ませる戦略。作成時間7分。

フォントは「メイリオ」と「Meiryo UI」

調査で最も評価が高かったのは「メイリオ」と「Meiryo UI」です。

これは日本語の「明瞭」を意味するフォントであり、日本人にとって最も明瞭に見えるフォントです。太字にしたときの差がわかりやすく、適度な間隔が空いているため文字の認識力も高いのです。

また**英数字だと、「Segoe UI」が最も評価が高い**という結果が出ています。Meiryo UIとの相性も良いことから英数字はSegoe UIをおすすめします。

なお、**Macの場合は、「ヒラギノ角ゴシック」が最も評価が高いフォント**であることが実証実験でわかっています。

	並字	太字
メイリオ	パワポ術	**パワポ術**
Meiryo UI	パワポ術	**パワポ術**
遊ゴシック	パワポ術	**パワポ術**
MSゴシック	パワポ術	**パワポ術**
ヒラギノ角ゴシック	パワポ術	**パワポ術**
Segoe UI	PowerPoint	**PowerPoint**
Arial	PowerPoint	**PowerPoint**

フォントの比較:メイリオとMeiryo UIは太字との差がわかりやすい。メイリオよりMeiryo UIの方が詰まっているので、周りに余白を作りやすい。

フォントサイズは「24ポイント以上」

フォントサイズ（文字の大きさ）の推奨は､24ポイント以上です。

たくさんの文字を詰め込むことを目的にするのであれば、フォントサイズが10.5でも9でも良いと思います。

しかし、基本的にパワポ資料は文字で表現することが多いため、その文字が見えないと意味がありません。

とはいえ、狭い会議室で使う資料と、大会場で1000人の前でプレゼンするときに使う資料では作り方も異なるでしょう。

ですが、**いくら少人数での情報共有であっても、文字が小さいと相手の意欲を削ぐという調査結果が出ています。少なくとも18ポイント以上**というルールを心がけてください。

文字サイズが社内で指定されれば、逆に小さな文字でぎっしりと埋め尽くすパワポ資料を作らせないことにもつながります。

実際に21社のクライアント企業で、社内資料の最低フォントを18ポイント、顧客向けを24ポイント以上、というフォーマットに設定したところ、最初は不平不満が出たものの、結果的には**資料作成時間が11%減り、会議時間の減少にも貢献したと答えた方が28%**もいました。

使用するカラーの種類は「3色以内」

文字数やフォントだけではなく、色選びにも相手を疲れさせない工夫が必要です。調査と実証実験の結果、**スライド内に使うカラーの種類は、3色以内**というのが勝ちパターンということがわかりました。

使うカラーの数が多いほど、脳内での処理が複雑になって疲れてしまいます。

また、人は色を見たときに何か関連するものと結びつけてしまう傾向があるため、その考える機会を少なくするためにもカラーは3色以内にすべきです。

そして、3色の種類は**「文字カラー」「ベースカラー」「アクセントカラー」**と考えましょう。

文字カラーは「ダークグレー」

文字カラーは「黒が正解」だと思いがちですが、真っ黒だと、彩度が高く頭が疲れてしまいます。

また、パワポ標準の黒を使ってスクリーンに表示させると、まぶしくて見づらいことがあります。資料をレーザープリンターで印刷するときも真っ黒ではテカテカして見づらいこともあります。

そこで**おすすめなのは「ダークグレー」**です。

低彩度のカラーが目に優しいので、真っ黒よりはダークグレーを選びましょう。白に近いグレーだと視認性が悪く霞んでしまうので、黒に近いグレーを使ってください。

このカラー選びでは、彩度が重要な役割を果たします。原色の高彩度のカラーを選ぶのではなく、低彩度のカラーを選んだほうが見やすく脳も疲れにくいという結果になりました。いわゆる「フラットデザイン」と呼ばれるものです。

ベースカラーは「彩度が低いフラットカラー」

ベースカラー（図やグラフなどで使う色）は、基本的に説明する内容を表現するのにふさわしい色を選んでください。

26社のパワポ資料を見ると、**8割以上がベースカラーには企業ブランドで使っているカラーを採用**していました。

多くの会社は自社のブランドカラー（会社ロゴやTVコマーシャル、会社パンフレットなどに使っている色）を採用しています。

例えば、ドコモであれば赤、KDDIであればオレンジ、ソフトバンクであればシルバーです。

このベースカラーでも、**彩度が低いフラットカラー**を使ってください。

もし自社のブランドカラーが高彩度の場合は検討が必要です。

赤や黄色の高彩度の原色が入った企業ロゴがスライド内に入ってしまうと視線をコントロールすることが難しくなります。

実際に検証実験では、すべてのページに会社ロゴを入れたAパターンと、表紙と最終ページにだけ会社ロゴを入れたBパターンでは、同じコンテンツであったにもかかわらず、Bパターンのほうが提案相手に好評価で、最終の契約締結に影響を与えました。

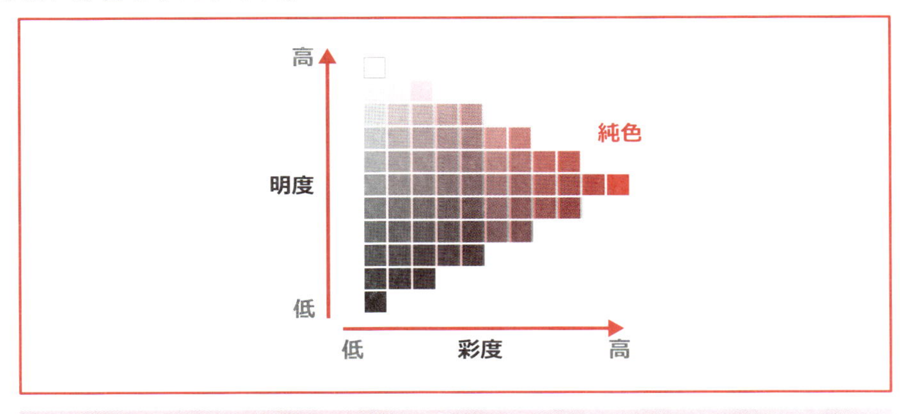

▶「赤」の場合のフラットカラーデザインのパレット

アクセントカラーは「ベースカラーの反対の色相」

最後にアクセントカラー、差し色です。
服装ファッションで、おしゃれな人はこの差し色に気を使います。
最近では蛍光イエローや蛍光ピンクなどのネオンカラーを差し色で使うのが流行っています。

アクセントカラーは、**ベースカラーの反対の色相**を選びましょう。
フラットカラーデザインのパレット（前ページ図）を参照に、メインカラーの対角線の反対側の色を選んでください（本書では「赤の場合」になっていますが、インターネット検索すれば、他の色もすぐに見つかるはずです）。
例えば、ベースカラーが黄色ならアクセントカラーは紫、ベースカラーがオレンジならアクセントカラーは青というイメージです。
多くの企業で赤をアクセントカラーに使っていますが、「赤だから目立つ」「赤だと読んでくれる」というかつての常識は通用しなくなっています。

また、アクセントカラーは、どの色を使うかよりも**比率**が重要です。
いくら赤や逆色相の色を使って目立たせようとしても、その使用比率がベースカラーやメインカラーを超えてしまってはアクセントとして機能しません。

目安として、**アクセントカラーは全体の５％**に抑えてください。

例えば、アクセントカラーがスライド内で20%以上使われてしまうと、際立たせるというアクセントの目的が達成されません。
実際、アクセントカラーは多くても10%以内に収めないとアクセントにならないことが調査でわかっています。

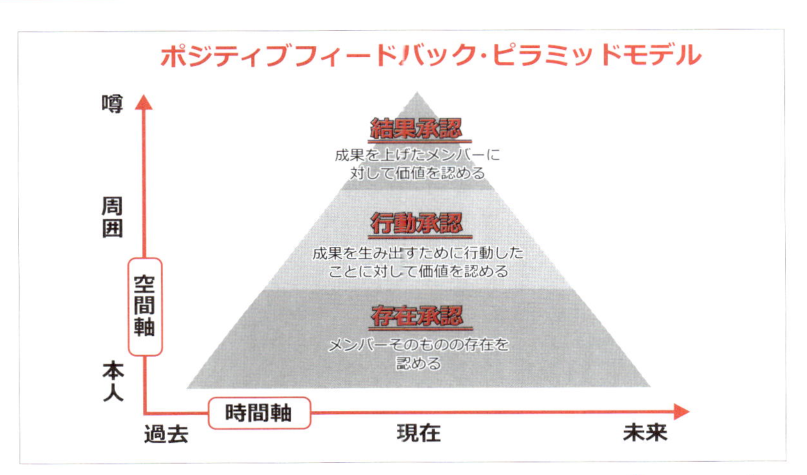

悪い例

アクセントで使おうとしている赤が多くて、アクセントになっていない。赤の彩度が高く、目がチカチカする。下線が多く文字が見えにくい。

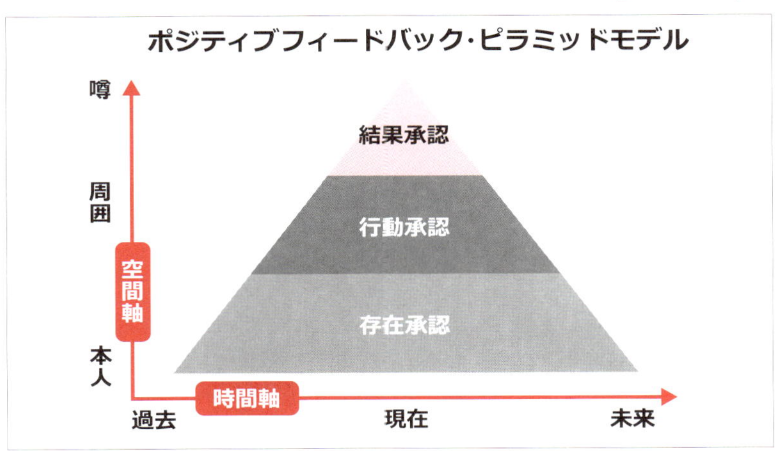

良い例

低彩度の赤とグレーを基調とした目が疲れにくいデザイン。目立たせたいところはフォントサイズを変えている。作成時間7分。

「余白」を多くし、「白抜き文字」を多用する

５万枚以上の資料で使われている色のAI解析をした結果、**最も使われていた色は、なんと「白」でした。**

仮説では、文字で使われる黒が最も多いと思っていたのですが、黒は2位で、1位は白だったのです。

なぜなのか調べたところ、２つの理由が見つかりました。

1つは「余白」の白です。

AIの画像認識では、背景もカラーとして認識します。文字が少ないスライドは、背景色として最も使われる白が多くなります。文字の周りに余白が多いということです。

文字の周りに余白があると、その文字が際立って見えます。

2つめの理由は**「白抜き文字」**です。黒や紺などの濃い色の中に白色の文字に入れて、文字を目立たせているということです。

色の中で明度が一番高い色は白であり、白抜き文字は明度差を使った配色になるため、インパクトがあります。

また、**黒背景に白抜き文字といった明度の差が強い組み合わせは、視認性（形の見やすさ）、可読性（文字の読みやすさ）を高めます。**

この文字を目立たせるテクニックは、TV番組のテロップ（字幕）でもよく使われています。それだけ老若男女問わず認識しやすい配色といえるでしょう。

ただし、人は白地に黒の文字に慣れているため、白抜き文字を使いすぎると**疲れさせてしまう可能性があります。多用するのは避けましょう。**

意思決定者へのヒアリングでも、パワポ資料をいくつか持参して「どれがわかりやすく、意思決定に影響が出そうか」を聞くと、文字が少なく余白が多い資料、白抜きの文字に視線がいくことがわかりました。

「スポットライト効果」を狙う

黒や濃い色を背景や図形に使い、白抜き文字で強調できれば相手の記憶に鮮明に残ります。

これは**「スポットライト効果」**とも呼ばれ、周りを暗くすることで白抜き文字が孤立して目立つというものです。

さらに特定の文字を際立たせたいのであれば、アクセントカラーを入れましょう。

51ページの2つのスライドを見てください。どちらがキーワードを認識しやすいでしょうか。

誰が見ても下の「資料作成は準備が9割」が頭に残るでしょう。

特に「9」をアクセントカラーとして低彩度のピンクを入れていますので、最も記憶に残ります。

ここまで大胆に文字を絞ることができなければ、重要な文字だけが入ったスライドを1枚作り、それを黒背景・白抜き文字にしてください。

51ページのサンプルでいうと、上のスライドをすでに作ってしまったのであれば、下のスライドを追加して、それを先に持ってくるのです。

すると、「資料作成は準備が9割」という言葉が頭に入り、自分ごと化できれば、次のスライドの情報量が多くても見ようという気になります。

多くの人が赤文字や太字、下線、矢印で視線を誘導しようとしています。

しかし、それらの頻度が増すと、視線を誘導するどころか相手をうんざりさせてしまい、結果的に興味・関心を削ぐことになります。
51ページの悪い例を見てわかるとおり、下線や太字が多くて何が重要であるのかわかりません。

余白を使って視線を集める

そして、白抜き文字の「白」に加えて、余白の「白」は効果的に相手の視線を誘導できます。

人間の目はうさぎの目と違い、１つのことを見ます。資料の中で１つのことに注目する傾向があるのです。その注目するポイントをコントロールするのが余白です。

必ずしも白の余白に限定することはありません。**何も記載しないスペース＝余白**と考えてください。

重要なことの周りにスペースを空けると、その重要なことに視線が集まります。これは、広大な畑の中にヒマワリが1本立っていたり、暗闇の中にロウソクの火がポツンと灯っていたりすると、そこに視線が集まるのと同じことです。

資料作成のポイント No.8

株式会社●●
第3回営業活動改善講座

・資料作成は準備で9割決まる
・5感と伝わるコンテンツをしっかり考慮して準備する必要がある

5感への刺激
どこを通じて相手に情報を提供するべきかを
しっかり考えてデザインを準備する

①最も長く記憶に残るものは
視覚 72%
聴覚 14%, 味覚 8%, 触覚 4%, 臭覚 3%
②最も思い出をよみがえらせるものは
視覚 74%
聴覚 12%, 触覚 5%, 味覚 5%, 臭覚 5%
③最も感動を覚えるのは
視覚 73%
聴覚 18%, 触覚 6%, 味覚 3%,臭覚 1%

視覚が70%以上も!!

第2位の聴覚はなんと
14~18%しかない!!
声ではなく、目で情報を
伝えていく必要がある
ということがよく分かる。

視覚を意識したデザインと相手を動かす適切なコンテンツ（ベネフィット）をいかに準備できるかが成功のカギとなる。

伝わるコンテンツは？
● ベネフィットを与えることで相手は自分ごと化する
● ベネフィットとは、相手に「AからB」への変化を与えること
● そのベネフィットで与えるBは、相手が望むことでなくてはいけない

悪い例

余白が少なく、要素が多すぎる。何を伝えたいのかが不明瞭。

資料作成は
準備が9割

良い例

周りを暗くすることで白抜き文字を目立たせる「スポットライト効果」を活用。アクセントカラーとして低彩度のピンク色を入れているので記憶に残りやすい。

「対角線」を意識して配置する

人は資料を見るとき、左上から右下に向かって目線が動きます。

調査を通じて、この**対角線上に重要なものを置いた場合は、相手の印象と記憶に影響を与える**ことがわかりました。

次ページのようにルールなく配置された場合と、対角線上に配置した場合では、65%の意思決定者は「後者がわかりやすい」と答えました。それも瞬間的に後者が良いと判定をしたのです。

対角線の原則は、スライドを10秒見てどれが頭に残りやすいかを答えてもらった結果、カラーや文字の大きさといった要素の他に、**左上に配置された文字や図形に目が留まっている**傾向に気づいたことで生まれました。

その次にどこに印象が残るかを聞くと、やや中央に移動して目線が右下に移っていることがわかりました。

類書では、「資料を見るときは視線がZ型に動く」と書かれています。

Z型とは、左上から水平移動して右上へ、その後右上から左下へ目線が落ち、最後は左下から右下へ横スライドするという目の動きです。

しかし実際は、短時間に目に留まったものが印象に残り、そこに書かれた文章に興味を持てば、目線を右に移動してさらに文章を読むという傾向がわかったのです。

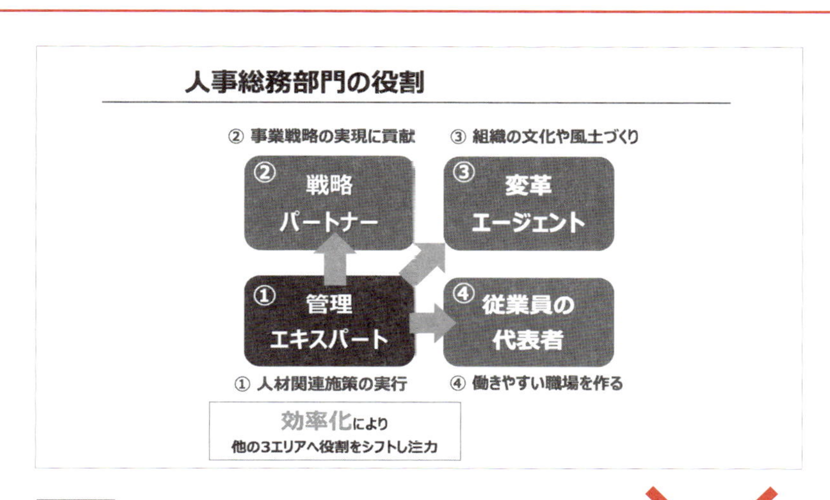

悪い例

重要ではないタイトルが真っ先に対角線上にかかる。最も重要な「①管理エキスパート」は左下に配置されているため、矢印や他項目に目が留まってしまう。

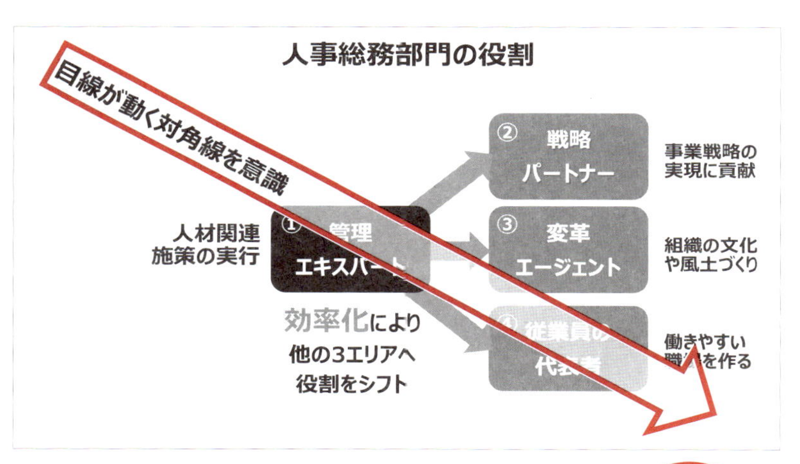

良い例

重要な「①管理エキスパート」を対角線上に入れて目が留まるように設計。タイトルを中央揃えにして、あえて目が留まらないように。作成時間6分。

「矢印」は5つ未満

今回の調査を通して、多くの資料で矢印とアイコンが多く使われていることに気づきました。

しかし、矢印やアイコンを使いすぎると、相手を疲れさせ、視点の誘導もできません。実際、調査では「**矢印は1スライドに5つ以上あると頭が疲れる**」と答える意思決定者が多いことがわかりました。

できる限り、**1スライド内の矢印は5つ未満**にしましょう。

もし工程表やフロー図を使って、ステップごとに時系列で表現したいのであれば、矢印を1つに集約します（巻頭カラーページの「ルールその3」参照）。

アイコンはできるだけ使わない

アイコンは、文字表現をよりわかりやすくするために使う表現手法です。

例えば、リンゴと文字で表現するよりも、りんごのアイコンを1つ資料に載せたほうが相手は疲れずに理解することができます。

ただ逆に、**意味もなくアイコンを使うと効果が下がるので注意しましょう。**

意思決定者は、資料の中にアイコンがあるとそこに視点を移してしまう傾向があります。すると、そのアイコンが何を示しているのかマッチングを始めてしまいます。

そのマッチングがわかりやすければ良いのですが、多くの場合、空白を埋めるために使われることが多いため、むしろ相手を疲れさせてわかりにくい資料になってしまいます。

良かれと思って、空白にアイコンを置いてしまいがちですが、むしろそれはわかりにくい資料へと格下げしてしまうのです。

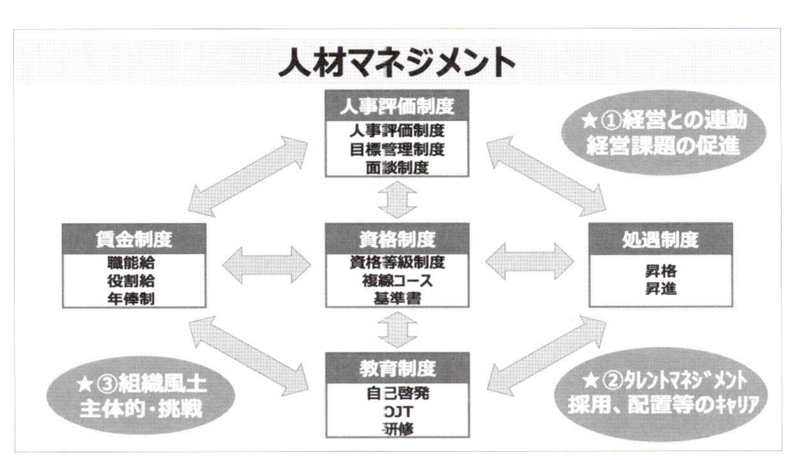

悪い例

多くの矢印に目が行ってしまい疲れる。

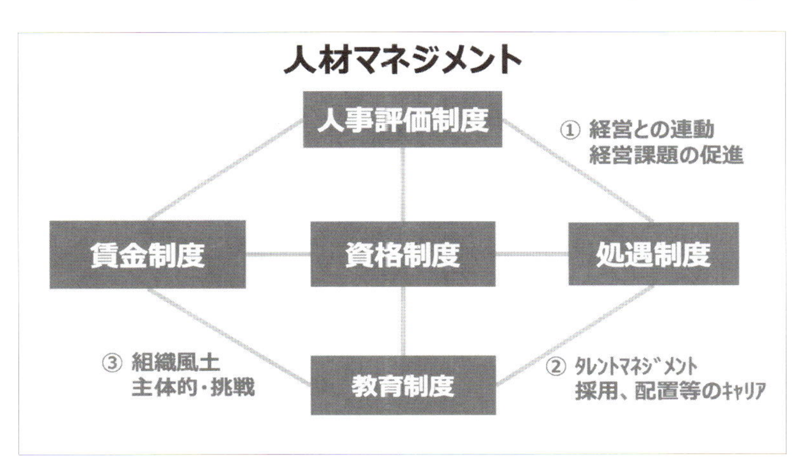

良い例

各要素の関わりは、矢印にしなくてもわかる。作成時間5.5分。

「アイコン」は3つ以内

前項のアイコンの続きです。意思決定者は資料の判定を最初の10秒で行いますので、繰り返しになりますが、**相手に頭を使わせるアイコンは使わないほうがいい**でしょう。

もし使うとしても、1スライド3つ以内に抑えてください。

「人を動かした資料」でアイコンが使われるケースは、1スライドに3つ以内が78%以上で、平均利用個数は2.2個でした。

アイコンを使うのであれば、文字をイラストに変換するという目的ではなく、意図的に視線を誘導するために使ってください。

例えば、**対角線の中にアイコンを配置すれば、目が留まる可能性は高くなります。**そのアイコンの右横に重要な文字を入れれば、それを読んで頭に入れる可能性が高まります。アイコンはそれだけ威力があるのです。

アイキャッチのためなら有効な場合も

アイコンによって相手の興味を引き寄せることはできます。最初に興味喚起して、その後説得しながら詳細な情報を提供していく手法は成果につながることが実証実験でわかりました。

つまり、アイコンをアイキャッチで使うのであれば、問題はないのです。

しかし、その興味をわかせるアイコンがスライド内に複数あると、視線を誘導するどころか、相手を惑わせることになります。

安易にアイコンを配置することをやめて、相手の視線を誘導するための1つの道具として捉えて、事前にしっかりと戦略を練りましょう。

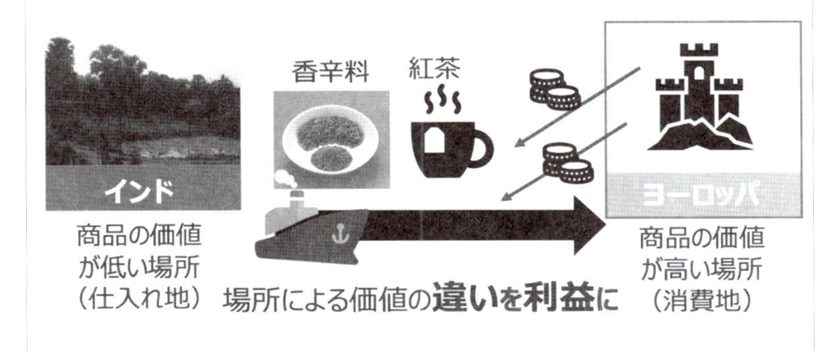

悪い例

アイコンと画像が多くて視線を誘導できないため、一番目立たせたい船が視線に入りにくい。意思決定者のヒアリングでは、コインのアイコンを指して「この丸いのは何？」との質問が多数。

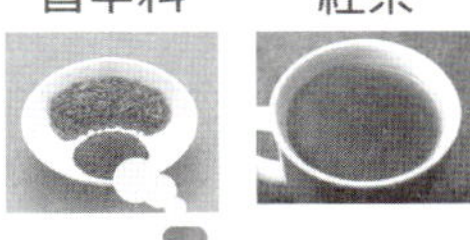

良い例

「違いを利益に」を目立たせて、その違いを運んだのが「アイコンの船」であると想起させている。対角線にかかるようにアイコンを配置しているので記憶に残る。作成時間4.5分。

「下線」と「赤字」は極力使わない

意思決定者が好まない資料、人を動かすことができなかった資料の特徴として、**下線と赤字が多い**という傾向がありました。
文字を赤くしたり太字にしたり下線を引いたりすれば、そこに注目してもらえる「だろう」と作成者は思ってしまいがちです。

確かに原色の赤が使われていればそこに目が行きます。
ただし、**高彩度の赤は人の目を疲れさせますし、その赤字が多ければどれが重要なのかもわからずぼやけてしまいます。**

また、囲み枠を作ってその中に文字を入れれば重要なものとして読んでくれる「だろう」ということも、作成者の思い込みであったことがわかりました。

一般的に、上部に囲み枠でその概要や要旨を記載してある資料が多い傾向があります。

しかし、文字がぎっしり詰まった資料では、いくら囲み枠を作っても、そこに視点を誘導させることは難しいのです。
むしろ前後左右に余白を作った文字に視点が移り、結果的に長く記憶に残るという調査結果も出ました。

このことからも、相手の立場になって資料を見ること、そして勝手な思い込みは人を動かすどころか相手を惑わせてしまうことがわかります。

特徴

①自主運営の団体
→全員が参加者であり、運営者

②100 人の講師陣
→生きた情報、ノウハウを会員それぞれが持っている

③規模・業種の異なる 100 社と 1 年間
→自社とは違ったやり方、考え方を知る機会

⇒教えて「もらう」ではなく、
『教え・学びあう』

悪い例

赤字と下線が多く、視線が誘導できないので、何が重要であるかわかりにくい。

若担会の3つの特徴

100名の異質がつながる　摩擦が革新を生む

100名が講師でもある　会員それぞれが知見を持つ

100名で自主運営する　受け身の人はいない

教えて「もらう」ではなく
教え・学びあう
社内外で人材価値アップ

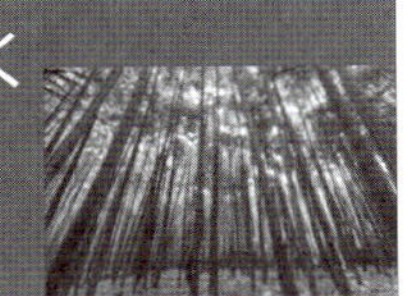

良い例

赤字と下線を引かなくても、余白やフォントの大きさで重要なポイントがわかる。作成時間5.5分。

「変化」を強調する

意思決定者は無駄なくスマートに課題解決をしてもらいたいと考えています。**きれいな資料を眺めるよりも、課題解決をしてもらいたいのです。**
まだ解決がされていない現在の状況から抜け出して、解決された状態をイメージさせることができれば、相手は行動を起こしやすくなります。

この課題が未だ解決されていない現状（Aという状態）を解決された未来の状態（Bという状態）に変化させることが、人を動かすために最も効果的なコンテンツです。その解決されたBという状態をイメージさせ、そのBの状態に行くための具体的な方法を資料に込めます。

例えば、ダイエットを勧める場合、「痩せて健康的になり異性からモテる」という未来の状態を想像させれば相手は興味を示します。
さらに、その変化を実現する方法を具体的に説明すれば、「あ！ そういうことなのか。こうやれば変化が起きるのか！」と相手に伝わり行動につながるのです。

こういった**AからBへの変化を資料に入れているかどうかが重要**です。
ですから、資料の中にランニングマシンが揃っているとか、駅の近くにジムがあるとか設備や機能、仕様（スペック）をいきなり提示するのではなく、AからBへの変化が伝わることに注力しましょう。

Bという変化後をいかに現実的に想像させることが重要ですので、次ページのように資料の中でイラストを使って表現するのが効果的です。

相手に伝わった状態というのは、伝え手が思い描くイメージと同じものが、相手の頭にも浮かんでいるということです。
　そのためには、文字ではなく画像やイラストを使ったほうが相手は考える必要がないので、疲れず正確にイメージが伝わります。
　具体的なイメージを忠実に共有できますので「わかりにくい」と思われるリスクが減るのです。

「この姿になりたい」という感情を持つと、顧客はその感情に価値を感じてお金を出してくれます。これを「感情価値」または「未来創造価値」といいます。労働時間ではなく価値を提供して稼ぐには、この未来イメージを鮮明にすることが重要です。

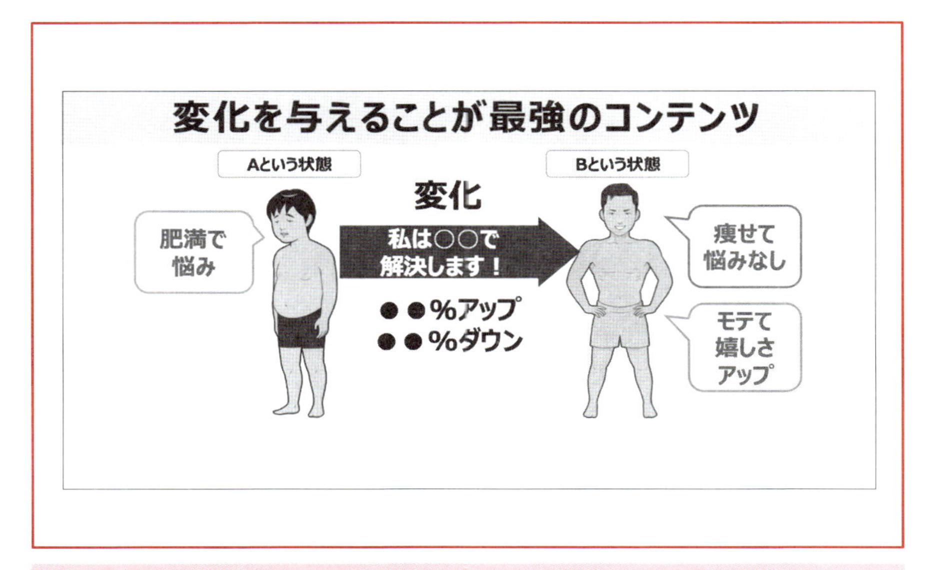

▶ 変化を強調したスライドの例

「数字」を多く用いる（できれば奇数）

数字で表現することの重要性は、ビジネスパーソンなら一度は耳にしたことがあるでしょう。

相手を動かした資料には、数字が多く含まれていました。特に**冒頭とまとめのスライドに数字が入っている確率は、そうでない資料の7倍以上**あったのです。

のちに数字の効果についてヒアリングしたのですが、特に数字を意識していなかったものの、「納得や信頼」が決定の背中を押すと答えた方は75%もいて、その裏づけとして数字が用いられるケースが多いことに気づきました。

例えば、「1000社の導入実績」「59社中47社で成功している」「トップ3で全体の7割」といった感じで実績や調査結果を数字で表現していたのです。

また、変化を数字で説明している資料が多いことも特徴的でした。

「利益が上がる」と書くよりも「利益が20%上がる」と書いたほうが相手の関心を引き寄せられます。

実際に「人を動かした資料」では、提案内容や事例を数字で表現していることが多く、その数字の頻度はそうでない資料の4倍以上ありました。

また、4513人の実証実験でも、数字を使って変化を説明するように指示したところ、明らかに提案内容の成約率が上がり、その影響度の高さを実感できました。

そして、この数字は**偶数よりも奇数のほうが効果がある**ことも判明しました。これは「アンカリング効果」というバイアス（考えや行動の偏り）の影響で、人はキリの良い数字に揃えようとするために、98といったキリの良い数字に近い端数や、奇数のように揃っていないように見える数字が気になって視線が留まる傾向にあるようです。

もし調査やデータ、ストーリーを数字で表現できるのであれば、できる限り奇数を使ってください（奇数にするためにデータを捏造するのは厳禁です）。

ただし、相手が意味を理解していないものを数字で表現しても効果は出ません。例えば、相手が理解していない成分が「1000個も入っているビタミン剤」とアピールしても相手は購入しません。その成分によって自分にどのような変化をもたらすのかを想像できないからです。

「腸を整える成分が1000個入っているチョコレート」という説明であれば、チョコレートの甘さを味わえて、かつ健康にも良いのだな、と腹落ちして商品に手を伸ばすことがあるでしょう。

しかし例えば、私はタウリンという成分が何であるか、その成分が自分にどのような変化をもたらすのかがわかりませんので、栄養ドリンクのＣＭでタウリンの量を示されても購入しようとは思いません。

意味のない数字を提示されるよりも、「翼を授ける」という未来イメージを提示されたほうが、疲れているときに飲みたいと思います。

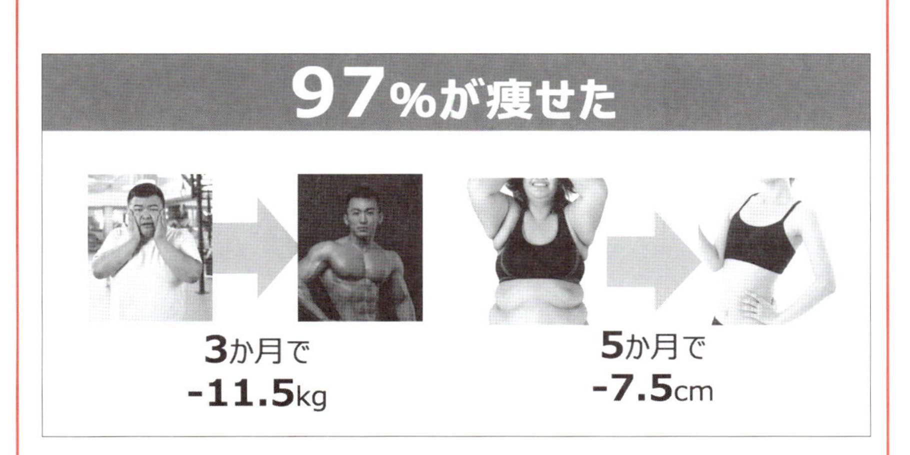

数字で効果を表現した良い例：どのような変化が起きたかが数字で表現されている。男性も女性も効果を出していることがわかる。作成時間3分。

「タイトル」は35文字以内、カタカナと数字を入れる

表紙とタイトルには影響力があります。

特にタイトルが重要で、そこで興味をわかせて一気に最後まで引き込む必要があります。

説明開始直後が最も相手のエネルギーが高く集中していますので、タイトルを油断してはいけません。相手を動かすためには、相手の課題を解決する内容を提供して腹落ちしてもらわないといけませんので、相手に与える変化がわかるタイトルにします。

実証実験でわかったのは、人を動かすタイトルに共通する2つの特徴です。

1つめは、文字数。

35文字以内でタイトルを作れば、相手は集中して見てくれます。

この法則は826人に対するヒアリングにおいて、わかりやすいと評価されたスライド、もしくは自分の意思決定に影響があったスライドを分析したところ、スライド内のタイトルの平均文字数が35.4文字だったことから導きました。

この結果をもとに約4000人で実験したところ、成約率アップなどの効果が出ましたので再現性はあります。もちろん、中身によってタイトルの文字数は変わりますが、35文字以内を意識して重要なことに絞ったほうが相手に伝わりやすくなります。

2つめはカタカナと数字の影響です。

これはクライアント企業の社内で飛び交うメールや企業が客に送る宣伝メールの開封率や閲覧率の分析でわかったのですが、**タイトルはひらがなと漢字だけでなく、カタカナと数字を含めたほうが相手の目に留まります。**

漢字が多いと読む気が失せますし、具体性がないとチラッと見ただけで無視されてしまう傾向があります。

一方、カタカナと数字が含まれたメールは開封される確率が高く、それをパワポ資料のタイトルにも応用してみたところ、カタカナが入ったほうが文章としてバランスが保たれて、数字が入ると信頼度が上がり自分ごととして見る傾向が強くなることがわかりました。

前述したように、相手はＡ（解決されていない今の状態）からＢ（解決された未来の状態）への変化を望んでおり、その変化を数字で表現できると信頼度が上がり、自分ごととして捉えます。

意思決定者のヒアリングでは、「スライド内に数字が入っていると主張の裏付けになるので信頼を持つことができる」「そのテーマに関心を持ち、しっかり調べてきたことがわかるので好感が持てる」というコメントが多数ありました。

カタカナを入れてバランスを整え、数字を入れて信頼性を高めることができれば、メールでも資料でも相手の関心が高まり、自分ごと化して情報を取り込んでくれるのです。

カタカナと数字を含めて全部で28文字。作成時間7分

「ページ番号」は右上、もしくは左上に

相手を動かす資料の場合、発表説明そのものだけでなく、最後の質疑応答が重要な役割を果たします。

特に意思決定者は、自分の考えが正しいことを確認し、気づきや学びを次の行動に生かすのが目的です。そのため、質問が出ることはそれだけ資料に興味を持ってもらえているということです。

質問が出る説明資料と、説明がまったく出ない資料とでは、その後の結果が異なることもわかりました。

ある通信会社のクライアントに対して、「顧客向けセミナーで質問が出たかどうか」、そして「それがその後の商談にどのように影響が出たのか」の調査を行いました。すると、「質問が出た回の成約率は、質問が出なかった回に比べて1.4倍も高い」という結果が出たのです。

また、資料の作り方や資料の中身についてダメ出しがあれば、質疑応答の時間に意見も出てきます。

しかし、質問する相手がどのスライドのことを言っているのかわからないと、円滑なコミュニケーションができず、時間ばかりかかってしまいます。

ですから、相手の質問に対して確実かつスマートに答えるためには、**スライドの右上もしくは左上にページ番号を入れてください。**

対角線の法則を使うのであれば、左上に置いたほうが効果的です。

しかし、ページ番号が最も目立つのは本意ではないので、円滑な質疑応答を実践することが目的であれば、右上に大きな数字で白抜き文字で配置しておくのが良いでしょう。

ただこのページ番号は、意識しないと視覚に入ってこないため、説明の冒頭でページ番号を右上に配置している旨を伝え、「気になるページや質疑応答の際にそのページ番号を参照してください」と事前に伝えておくのがおすすめです。そうすれば、最後の質疑応答がスムーズにいきます。

私も当初はページ番号を右下や中央下部に置いていましたが、右上にページ番号を配置するようになり、質疑応答がスムーズになったのを実感しています。

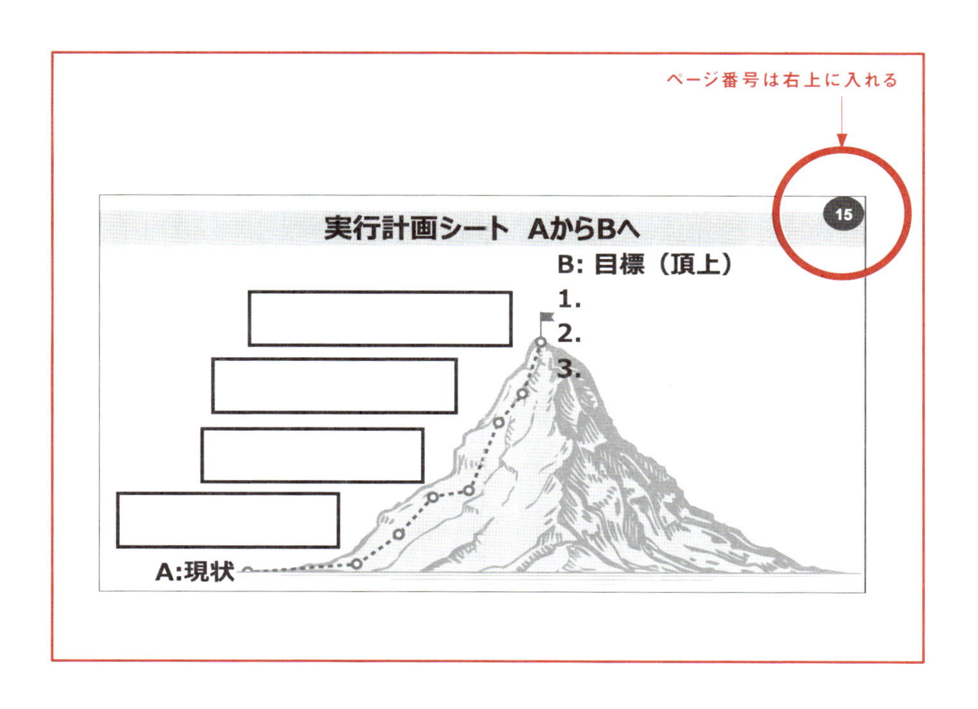

「失敗事例」を盛り込む

相手は、「同じ課題を抱えている人が、先に解決した」という事例を知りたいものです。

例えば、英語が話せるようになりたいと思ったら、英語が話せない人には依頼しないでしょう。いくら英会話学校に通っても英語が上達しない日本人であれば、同じく英会話学校に通って英語が話せるようになった日本人にそのコツを聞くでしょう。

ただ、成功事例だけ紹介すると信用してくれません。

ヒアリング調査では「当初は失敗したのだけど、乗り越えて成功した」という事例が最も評価が高かったです。

実際、**「人を動かした資料」に失敗事例が入っている確率は、そうでない資料の3.7倍**ありました。

今までより短い労働時間で、今以上に成果を残さないといけない「働き方改革」に取り組んでいれば、「苦労なく成功した人」よりも「同じ失敗をしたけれども後に成功した人」から話を聞きたいと思うものです。

押しつけよりも、共感・共鳴できる事実が先にないと、その後の情報を「自分ごと」として頭に入れようとしません。

すべてがうまくいくことはないことぐらいは相手もわかっていますから、失敗や弱みを見せて、そのうえでどうやってそれを克服したかを説明することが、相手を説得し「自分ごと化」させるために重要なのです。

また、成功事例ばかり提示すると「本当は悪いことがあるのに隠しているのではないか」という疑いが出ることも実証実験でわかりました。自分たちも腹を割らないと、相手も腹を割ってくれないものですが、過去に失敗事例があってもしっかり共有することで相手から信頼を得られるケースもありました。

また、成果を出しているビジネスパーソンにも多く会いましたが、彼らは上から目線で偉そうに喋ることはなく、軽い雑談から入って、ときに自分の弱点を堂々と見せて相手との距離感を縮め、自分の懐に相手を入れようとする傾向がありました。

関係構築ができていない相手に情報提供や提案をする際には、なおさら、そのような距離感を縮める工夫が必要です。

事例

うまくいっていない	うまくいってる
残業禁止 夜7時に一斉消灯	事前に議題が 決まってない会議は 開催禁止
売上が下がり 社員満足度も落ちた	会議時間が18%減少 電気消さなくても帰る

左が失敗事例、右が成功事例。「最初は左の取り組みをしていたものの、うまくいかず右の施策をやったらうまくいった」という見せ方に。

COLUMN

資料作成で活用できる効果・原則

一発ＯＫを引き出した資料の中で確認することができた心理効果や原則を紹介します。

バンドワゴン効果

多数の人間が選んでいるものに安心感を得て、自分も選びやすくなるという心理効果です。
「弊社の商品は9割の通信会社で採用されています」「顧客満足度No.1」などのアピールで、安心感・安定感を持たせて購買を促すものです。
「売上Ｎo.1」や「○○賞受賞！」という宣伝を見かけますが、これもバンドワゴン効果の1つの方法です。多くの人が選んでいることをアピールすることで、より選ばれやすくなりますので、会社紹介などで活用すべき効果です。
バンドワゴンという言葉は「行列の一番先頭で楽器を鳴らす車」という意味で、勝ち馬に乗るとか、大衆の判断に身を委ねるとか、時流に乗るといった意味で用いられています。

プロスペクト理論

「得をするよりも損を避けたい」という意思決定に関する法則です。
これは、アメリカの心理学者であり、ノーベル経済学賞を受賞したダニエル・カーネマンが提唱しました。
プロスペクトとは、期待・予想・見通しのこと。利益が得られる場面では、リスクから逃れるように選択する。一方で、損をするかもしれない場面では、リスクを積極的に取ろうとします。

ザイオンス効果

「繰り返し接すると、その人や物に対する好感が高まる」といった心理を指します。顧客に何度も顔を見せに行き、好感を持ってもらうことでビジネスを進めたり、商品の宣伝を何度も行い、消費者に好感を持ってもらったり、というマーケティングで活用します。

しかし、会った瞬間にマイナスの感情を持たれている場合、何度接触しても好感度は上がらないので、第一印象が重要といえます。

繰り返しになりますが、相手は最初の10秒で資料がわかりやすいかどうか判断します。

資料の説明は最初の45秒が勝負です。

ハード・トゥー・ゲット

相手を特別扱いすることで好感や信頼を得るテクニックです。男性、女性問わず特別扱いされるとなんとなく気分が良くなってしまうもの。

例えば、「会員限定セール」のメールをもらうと嬉しくなります。「あなたにしか話せない」と悩みを相談して信頼を得るといったケースもです。

提案資料でも、顧客の競合他社との比較を用いたり、「御社だけに」「今月末までに」といった限定感を出したりするのが効果的です。

第2章

画像・動画・グラフをうまく活用するポイント11

画像などの素材を使う際には、意味を持たせることが重要です。相手の興味・関心を高める素材の活用方法を紹介します。

「高品質の画像」を使う

本章では、パワポ資料では欠かせない「画像・動画・グラフ」をうまく使いこなすポイントを紹介します。多くの人がこれらの要素を入れすぎて、本当に伝えたい情報がぼやけてしまっている傾向がありますが、大事なのは量よりも質です。ここでも調査結果をふまえた再現性のある方法を見ていきましょう。

もし、あなたが大きな契約を狙っていたり、大きな課題を乗り越えたりしたいのであれば、高品質の有料画像の使用をおすすめします。

やはり、素人が目的もなくスマホで気軽に撮った写真よりも、プロのカメラマンが画角や色彩など細心の注意を払いながら撮影した高画質画像のほうが相手の視覚に大きなインパクトを残せるからです。

実証実験では、有料画像と無料画像の比較検証はできませんでしたが、意思決定者のヒアリングにおいて比較してもらったところ、**同じコンテンツでも有料画像のほうが良いと感じる人が73%**もいました。

有料画像サービスでは、**Shutterstock**と**Adobe stock**をおすすめしています。

これは実際に私自身がお金を払って使っている月額課金サービスで、日本語のキーワードに応じて候補を出したり、パワポから直接ボタンを押して画像を検索して簡単に挿入したりできるので、社外の講演や重要な提案資料に使用しています。

すべての会社で有料画像サービスを契約することは現実的ではないかもしれませんが、もしその高品質の画像によって大きく成果を残すことができるのであれば、月額3500円程度を支払うのはコストパフォーマンスが高いといえるでしょう。

▶無料の画像を使用した例

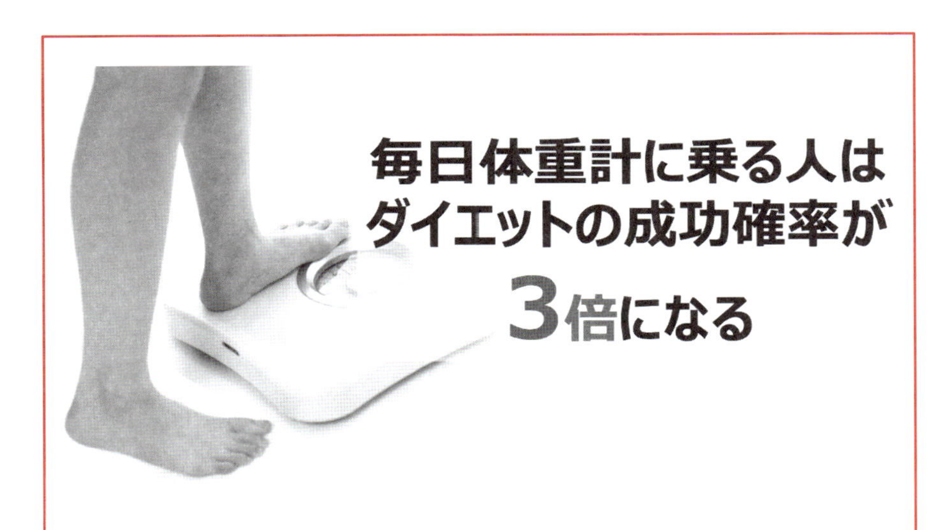

▶高品質の有料画像を使用した例

「キャプション」は短く、効果を示す

画像の効果を引き出すのがキャプション（説明文）です。

その画像が何を示しているかを短文で紹介することにより、スムーズかつ印象的に情報を脳に入れることができます。

とはいえ、リンゴの画像を挿入して、そのキャプションに「リンゴ」と記載する必要はありません。それを見たらすぐにリンゴだとわかるからです。

そのリンゴが持つ抗酸化作用によって健康を訴えたいスライドであれば、キャプションに「若さを保つために」と書けば、リンゴ＝若さを与えてくれる食べ物、と相手の捉え方を正確にコントロールすることができ、かつ文字だけの表現よりも印象を高めることができます。

このように、**キャプションは短くする**ことがポイントです。

パワーワードと呼ばれる記憶に深く刻まれる言葉は、短くインパクトがあるものです。

例えば、2019年の流行語大賞に選ばれた「ONE TEAM」や、カタカナを織り交ぜた「イノベーションは現場で起きている」、数字を入れた「成功確率を3倍に」といった言葉は記憶に残りやすく、パワーワードといわれています。

ですから、「抗酸化作用が高いリンゴ」という性能を書くのではなく、「若さを保つ」といったその**効果（＝価値）を示したキャプションを入れる**ほうが良いのです。

悪い例

画像に目が奪われてキャプションが入ってこない。「要は何？」と言われる可能性が高いスライド。

良い例

画像が何を示しているのかがわかる。言葉の意味を容易に頭に入れることができる。作成時間1分。

「画像の配置」は対応する文章の近くに

画像の配置にも注意が必要です。

5万枚以上のパワポ資料を見ているなかで、画像を挿入すること自体が目的かと思われるスライドを多く見ました。

特に、画像がわかりにくいところに配置されていたり、直線とキャプションが離れて配置されているケースです。

作成者に聞いたところ、インパクトのある画像を選ぶことあまりにも集中するばかりに、画像の位置やキャプションに意識が及ばなかったようです。

これは資料を見る相手にとって、考えさせてしまう結果となり、わかりにくい資料と判定されてしまいます。

画像だけでなく、関連する図形やコンテンツはそれに対応する文章の近くに配置するという大原則を決して忘れないでください。

また、パワポに図形を挿入すると、75%以上の人がどこに配置すべきかを考え、83%の人がマウスでその図形を動かして他の図形や文字に合わせようとします。

しかし、この作業をしていると、本来の目的である「相手をどう動かすか」を忘れ、パワポ資料を完成させることが目的になっていきます。そうならないためにも、図形を揃える作業をできる限り短くしたいのです。

そこで**「図形を揃える」機能を使って、指定した図形を一発で中央揃え、右揃え、左揃えにする**のがおすすめです。

この機能は、「図形の書式」メニューの中にあるのですが、探すのが面倒ですので、ショートカット・ツールバーに入れておくのがおすすめです。詳細は144ページで説明します。

郵便はがき

料金受取人払郵便

麹町局承認

1617

差出有効期間
2021年11月30日
まで

102-8790

226

東京都千代田区麴町4-1-4
西脇ビル

㈱かんき出版
読者カード係行

フリガナ	性別　男・女
ご氏名	年齢　　歳
フリガナ	
ご住所　〒 TEL　（　　）	
メールアドレス □かんき出版のメールマガジンをうけとる	
ご職業 1. 会社員（管理職・営業職・技術職・事務職・その他）　2. 公務員 3. 教育・研究者　4. 医療・福祉　5. 経営者　6. サービス業　7. 自営業 8. 主婦　9. 自由業　10. 学生（小・中・高・大・その他）　11. その他	

★ご記入いただいた情報は、企画の参考、商品情報の案内の目的にのみ使用するもので、他の目的で使用することはありません。

★いただいたご感想は、弊社販促物に匿名で使用させていただくことがあります。　□許可しない

ご購読ありがとうございました。今後の出版企画の参考にさせていただきますので、ぜひご意見をお聞かせください。なお、ご返信いただいた方の中から、抽選で毎月５名様に図書カード（1000円分）を差し上げます。

サイトでも受付中です！　https://kanki-pub.co.jp/pages/kansou

書籍名

①本書を何でお知りになりましたか。

- 書店で見て　• 知人のすすめ　• 新聞広告（日経・読売・朝日・毎日・その他　）
- 雑誌記事・広告（掲載誌　）
- その他（　）

②本書をお買い上げになった動機や、ご感想をお教え下さい。

③本書の著者で、他に読みたいテーマがありましたら、お教え下さい。

④最近読んでよかった本、定期購読している雑誌があれば、教えて下さい。
（　）

ご協力ありがとうございました。

東京タワー
・1958年12月竣工
・高さ333メートル
・港区芝公園
東京スカイツリー
・2012年5月竣工
・高さ634メートル
・墨田区押上

悪い例

説明文章と画像が離れて配置されているので、疲れる。

東京タワー
・1958 年 12 月竣工
・高さ 333 メートル
・港区芝公園

東京スカイツリー
・2012 年 5 月竣工
・高さ 634 メートル
・墨田区押上

良い例

パっと見て把握しやすい、比較しやすい。どの画像の説明文かわかりやすい。余白を使って視線を誘導している。作成時間は3分。

「3Dモデル」で魅了する

設計ソフト（CAD）が2Dから3Dへ移行したように、パワポでも2016年から3Dの画像を簡単に挿入できるようになりました。相手にとっては止まった静止画よりも、動きのある動画のほうが頭に残りやすいです。

対象物を立体的にかつ動的に見せることができれば、相手に強い印象を与えることができます。

すでに組み込まれている3D画像の素材を挿入することもできますし、他のソフトで作成し3Dのオブジェクトを挿入メニューから簡単に取り込むこともできます。

中には、アニメーションで動きのある3Dモデルも用意されており、動画以上のインパクトを残すことができます。

3D画像をおすすめする理由は、飽きの解消と意外性の２つです。

136ページで詳細な説明をしますが、冒頭で相手の目線を上げないと視線を使って頭に情報を入れることが難しくなります。

アイコンや画像を使って相手の視線を上げることもできます。しかし、コンテンツ自体の説明中に重要なことが伝わるようにするために、画像とアイコンを使いたいのです。何度も画像を使うと相手が飽きるというヒアリング結果もあり、ここ一番の重要なポイントで高品質な画像を使って目を留めたほうが相手を動かしやすいのです。

そこで、３D画像は**全スライドの中で1回だけ**使います。

意思決定者へのヒアリングでは、「1回利用が適切」と答えた方が85%でした。

聞き手の視線を集める目的であれば、表紙かその次のページで、資料のテーマに合う3D画像を最大でもスライドの1/4の大きさで使用してください。

２つめの目的は意外性です。ヒアリングをした**意思決定者の99%は、3D画**

像の存在を知りませんでした。そこで、3D画像の機能デモを237人に見てもらったころ、全員が驚き70%が前向きな反応でした。記憶に残りやすいと回答した方も多数いました。また、「購入を検討している商品を立体的に見ることができれば、より現実味を帯びて検討できる」という意見も多くありました。118ページで説明する自分ごと化に必要な心像が描きやすいようです。

その後の実証実験で、住宅や精密機器、家電などを説明する際に、3D画像を使って説明したところ、67%の資料作成者が「いつも以上に相手より良い評価が得られた」という調査結果になりました。3D画像を使ってさまざまな角度から戸建て住宅を説明して、契約数を伸ばした営業パーソンもいました。相手が知らない機能なので、「おっ！」と驚かせて確実に脳に記憶を残すためには３Ｄ画像を使うのが効果的であることがわかりました。

ただし、3D画像を見せることが目的ではなく、相手を動かすための手段としてそういったインパクトの残せる素材を使うことが有効であれば使用してください。

自己満足のためにこういった最新機能を使うことは避けましょう。あくまでも説明先の相手が主役です。

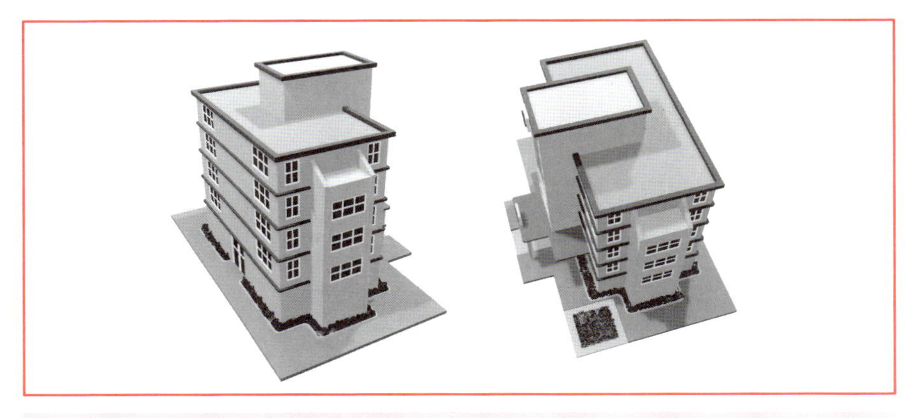

▶３Ｄモデルの例

「動画」は入れても1つ

画像よりも、動きや音のある動画のほうが相手の五感を刺激し、記憶に長く留めておくことができます。

74ページで紹介した有料画像サービスの中にも、高品質な有料動画コンテンツを提供しているものもあります。

ただし、動画を多用するのは禁物です。

インパクトが大きい分、他の重要なことを忘れさせてしまう可能性があるからです。

「人を動かした資料」を見ても、1つの資料には動画を2つ以上使うケースはありませんでした。

動画が使われていたケースは、冒頭でその概要を頭に入れるための動機づけとして使われていたり、後半で集中力が切れた相手にインパクトを残すために使っていたりと、意図があり頻度は少ないです。

例えば、感情派（113ページ）の意思決定者は未来に実現する世界に対して、プラスの感情を持つことができるかどうかで決定しますので、そのプラスの未来像を鮮明に動画で表現します。

コストが削減されることよりも、コストが削減されて社員が生き生きと働いている様子を動画で表現できたほうが腹落ちして、その後の説明を集中して聞いてくれます。

相手が論理派（116ページ）であれば、グラフや数字の変化を動画（アニメーション）で表現し、コストダウンや利益アップの具体的なイメージを先に持たせることで、興味関心を持ち話を聞いてくれます。

変化を数字で表現すれば、信頼は増します。グラフを使えば、他の要素と比較することができますので、数字の意味がわかりやすくなります。

実際、グラフの中で重要な数字や要素を目立たせるために、他の要素に比べてワンテンポ遅れて表示したり、数字の変化をグラフの動きで表現したりすることで、長く記憶に留めることが調査でわかっています。

音入り動画がおすすめ

動画はその名のとおり、画像に動きを与えて視覚を刺激しますが、**音入りの動画**はさらに効果的です。

例えば、猫の画像を表示するよりも、猫の鳴き声が入った動画のほうが意識を振り向けることができます。

ただし、乗り物や風景の動画だと、その関連する音は不快な騒音だと思われるケースもありますので避けたほうがいいでしょう。

動物の鳴き声や人の声（コメント）はインパクトが大きいです。笑い声や拍手は説明相手に連鎖させる効果もあり、実際に笑ったり拍手をしたりして会議室を明るい空気に変えることもあります。

また、**人との会話を撮影してスライドに貼り付けて流すのも効果がありました。**特に成功事例を紹介するときは、それに関わった人のインタビューを動画で流すと効果的です。事実だけでなく、その人の思いも相手に伝わるからです。

音入り動画が効果的な理由は、視覚の次に脳に入る感覚は聴覚だからです。視覚から情報を取り入れるのが最も多く、70%以上の情報は目から脳に入ります。次に多いのが聴覚で、10%以上の情報は耳から入って記憶されます。

画面録画で「デモ」を入れる

Windows版のパワポでは「画面録画」という機能があります。

「挿入」メニューから、画面録画を選択すると、パソコンの画面の中でどこを録画するかエリアを指定します。

するとカウントダウンが始まり、指定した領域の録画がスタートします。その録画中に写っているものがすべて録画されます。

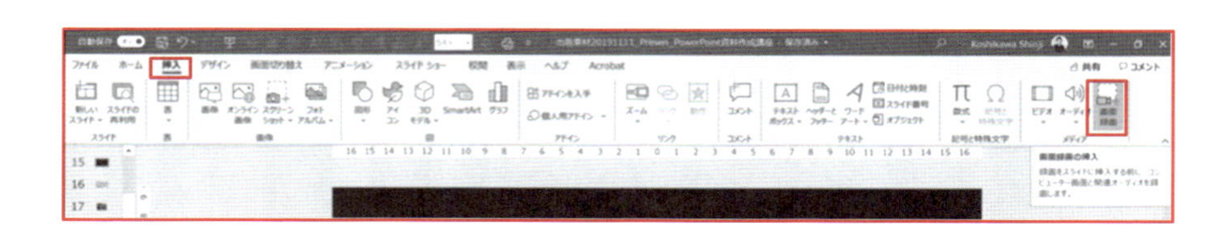

例えば、パソコンのマウスの動きや、他のソフトウェアなどの動きも録画されるので、**言葉で操作をするよりも、操作の様子を録画しておいたほうが相手にはわかりやすいのです。**

これは資料作成というだけではなく、チュートリアルとしてパソコンの操作説明や、自社のソフトウェアやウェブサイトなどをより鮮明に臨場感を持って見せることができます。

配布資料の中に入れることができない機能ですが、プロジェクターやスクリーンに表示して何かを説明するときは、ぜひこの画面録画を活用してみてください。

「アニメーション」は避けて「画面の切り替え」を有効活用

パワポには、オブジェクトに動きを持たせる「アニメーション」という機能があり、これを使うことでより見やすい資料作りが可能になります。
ただし、スライド内のアニメーションはできる限り避けてください。相手の脳を疲れさせる原因にもなり、むしろ重要なことが伝わらなくなるリスクが高まるからです。

もし相手の集中力を維持して重要なことが伝えたいのであれば、アニメーションよりも**「画面の切り替え効果」**を使うべきです。

5万枚以上のスライドを分析して、**最も使われている画面切り替え効果は「フェード」**でした。
確かに突然ページがめくられるよりも、ゆっくりとした速度でめくられるほうがストレスが少ない印象になります。その効果はあるでしょう。

しかし、ときには意図的に情報を相手の頭の中に入れる必要もありますから、ここぞというときにはアニメーションや目立ちやすい「画面の切り替え効果」を使ってください。

ちなみに、小中学校の教師はパワポの使い方を学ぶと多くの機能を使いたがる傾向にあり、特に画像や図形をアニメーションでくるくる動かすスライドを何度も目にしました。紙芝居を作るのはお手製よりもパワポのほうが楽だと思いますが、説明資料をくるくる動かしても逆効果で相手が疲れてしまいますので、注意してください。

30分以上プレゼンする場合、5枚に1回は画像や動画を入れる

人の集中力は、時間とともに落ちていくので、30分、1時間といった時間で常に最高の集中力を保たせるのは極めて困難です。

途中で意見を求めたり、対話をしたりすることで相手の興味や集中力を維持することも可能です。しかし、最も多くの情報を取り込む入り口になる目を刺激するのが効果的であることがわかっています。

具体的には、**30分以上の説明をする場合は、5枚に1回は画像や動画を大きく表示する**ことが効果的であることが調査結果でわかりました。

また、聞き手が30人以上いる場合、画像よりも動画を入れたスライドのほうが相手の眠気を覚まし、頭に残りやすいことがわかりました。

例えば、講演や講義の最後に受講者に「説明時間は適切でしたか？」という設問が入ったアンケートに答えてもらいます。

5枚に1回は画像や動画を入れて表示を大きくしたAと、画像や動画を入れたが大きく表示しなかったB、同じ内容で画像や動画を入れなかったCの3パターンを比較したところ、Aは85%が「適切」と答えたのに対し、Bは68%、Cは61%しか「適切」と答えませんでした。さらにBは10%、Cに対しては15%が「長すぎる」と答えていました。同じ内容であるのに長く感じるということは、その中身に興味・関心を持つことがなく、記憶にも残っていない可能性が高いのです。

説明資料は、多くても1分につき1スライドといわれています。

ただし、重要なことだけを伝えていて、文字数が少ないスライドであれば、特に1分1枚とこだわる必要はありません。

ですが、動画については82ページでお伝えしたように、使用するスライド内で「1つ」が限度ですので、その点は注意してください。

ポイント 09

「ツァイガルニク効果」で興味を引きつける

人を動かす資料を作るときは、バイアス（先入観・偏見）をうまく活用して、効果的に情報を相手の頭に入れていきましょう。

実証実験で最も効果的であったバイアスは**「ツァイガルニク効果」**です。**ドラマやCMでよく目にする「続きはウェブで」という表現**です。

人は達成できなかった事柄や、中断している事柄に対して、より強い記憶や印象を持つバイアスがあります。中断したままだとストレスが残るので、完了させることで達成感を得ようとするのです。

特に失敗は気になってしまい、何とかして改善することで結果を残し、ストレスを回避しようとします。物事は何事もなく完了させるよりも、中断させたほうが記憶力を向上させるということは1931年にドイツで行われた心理学実験によって明らかになっています。

このバイアスを活用すると、スライドの中にすべての情報を記載するのではなく、重要なことに絞り、「この続きは次ページへ」や「詳細は補足資料①へ」と誘導したほうが良いわけです。

例えば、連続ドラマでは最後に「この後はどうなるのだろう？」という続きが気になるところで終わるように作られています。さらに次回予告を少しだけ見せることでさらに興味を引きつけて、次回も視聴させるようにします。

続きの情報をほのめかすことで相手に興味・関心を持たせて、その情報を見に行くことで自分ごと化して行動を起こすことができます。

また、69ページで解説したように、他のユーザーの利用事例を入れる場合には失敗例を入れることで相手の改善行動を誘発できます。失敗のままで終わらせたくないので、「その失敗の後にどうしたら成功になったのか」を相手は知りたいのです。

苦労もなく成功したという事例では共感が得られず、またそういった成功事例だけを出す人には信頼が置けません。

1スライド内ですべてを出さずに次につなげるという手法や、失敗を失敗で終わらせない事例の紹介で相手に行動を起こさせてください。

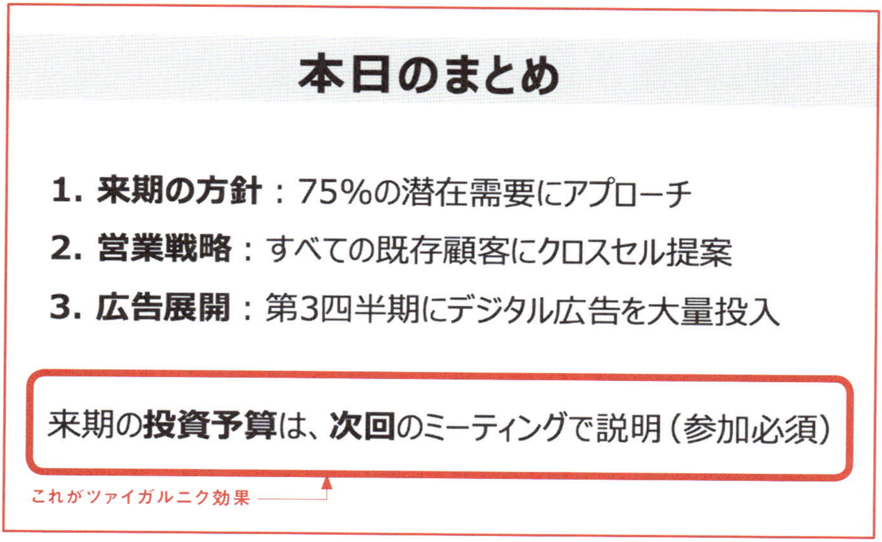

本日のまとめ

1. **来期の方針**：75%の潜在需要にアプローチ
2. **営業戦略**：すべての既存顧客にクロスセル提案
3. **広告展開**：第3四半期にデジタル広告を大量投入

来期の**投資予算**は、**次回**のミーティングで説明（参加必須）

これがツァイガルニク効果

▶続きを気にして行動させる「ツァイガルニク効果」

「グラフ」にはインサイトを添える

経営者や経営陣役員クラスは、数字を使って端的に説明されるのが大好きです。その根拠になるのがデータであり、その表現手法がグラフです。

グラフを使うことにより、数字の信憑性が高くなるだけでなく信頼が高まります。

しかし**間違った使い方をすると、相手を疲れさせてしまい行動意欲を削いでしまうので注意が必要です。**

例えば、イベント参加者のアンケートを取った場合、「非常に満足が16%、満足が40%、どちらでもないが35%……」という各項目の数字だけ説明されても、それが良いのか悪いのか判断できません。

この結果から何が導き出されたかを説明しないと相手を混乱させます。

相手に説明すべき内容はこのような感じです。「非常に満足もしくは満足と回答した人が56%となり、昨年のイベントより満足度が11%下がっています。その原因として挙げられていたのは入場時の待ち時間や、トイレがわからなかったことでしたので、来年はオペレーション面の改善が求められます」

意思決定者へのヒアリングで、多く使われた単語のトップ10に入っていたのが“**インサイト**”というキーワードです。日本語に直訳すると“洞察”という意味です。つまり、そのデータや調査によってどういう学びと気づきがあったのか、ということです。

例えば、直近10年で時給増加率としてイギリスが87%、アメリカが76%、フランスが66%、ドイツが55%、日本が-9%という棒グラフをスライドに載せる場合、各国の数字を並べるだけでなく、「先進諸国の平均は+71%、日本だけが9%減少」という説明文を入れたほうがそのグラフからわかることが相手に伝わるのです。

グラフを使いこなす4つのルール

グラフを使うことは目的でありません。あくまで重要なことが伝わるようにするために、手段としてグラフを使うべきかどうか判断するのです。

実際に、68%の意思決定者は、グラフやデータは好きなものの、その70%以上が醜いグラフを見ることが多いと嘆いていました。

一方、カラフルできれいなグラフを作ることに1時間以上をかけていたパワポ受講者がいました。その方は不動産会社に勤めており、営業成績が伸び悩んでいると言っていました。

この双方のヒアリングからも、シンプルなグラフの中で重要な部分を目立たせることが重要であることがわかります。

ここではグラフを使いこなすための4つのルールを紹介しましょう。

ルール1．グラフも3色以内に

第1章で説明したカラーの使い方と同じように、**グラフも3色以内**に抑えましょう。重要なことが伝わることを目指すべきですから、グラフの中でもあえて目立たせるもの、あえて見えないようにするものを決めて、アクセントカラーや大きさで意図的に重要なことを伝えるべきです。

色は、図と同じように、**彩度の高い原色を使わず低彩度のフラットカラーを使ってください。**目立たせたい部分はアクセントカラーを使います。それ以外のカラーはモノトーンを使うとアクセントカラー部分がわかりやすくなります。

ルール2．文字を邪魔しないことが大前提

資料の中で伝わってほしいことが文字で十分に表現できるのであれば、その補足データとしてのグラフはスライド内の1/4に収めてください。

重要な文字を邪魔するようなら、グラフは入れないほうが良いです。

ルール３．大小を表現するなら棒グラフ、比率を表現するなら円グラフ

文字よりもデータや数字での表現のほうが伝わるのであれば、スライドの半分以上を使ってグラフと数字を配置し、それが何を示しているのか文字で説明してください。

なお、大小を表現したいのであれば「棒グラフ」、比率を表現したいのであれば 「円グラフ」を使ったほうが相手に伝わりやすいです。

ルール４． Excelで作ったグラフはスクショで撮っておく

Excelのグラフをコピーしてパワポに貼り付けると見えにくくなっていたり、再編集によってデザインが崩れてしまうことから、元のデータはExcelで保持し、Excelで作ったグラフはスクリーンショットを撮って、パワポに貼り付けるのが効果も効率も高いです。

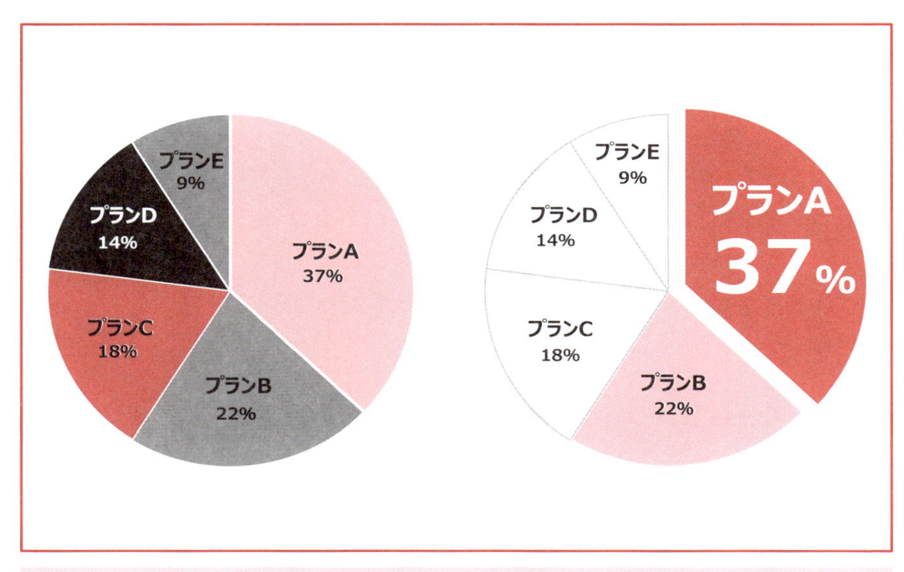

▶左がカラフルな悪い例、右が３色以内の良い例

COLUMN

評価制度のゆがみがきれいすぎるパワポを生んだ

20年前に地方自治体の営業担当であった私は、パワポで提案資料を持参したところ、先方の担当者は中身を見ずにまず資料の枚数を数え始めました。

そして**「他社のA社は60枚以上作成してきたので、御社も少なくとも50枚にして再提出してください」**と言いました。中身ではなく、いかに時間をかけて準備をしてきたかを測っていたのです。

その案件を受注したかった私は、徹夜して資料を作り直し、翌日にパワポを60枚にして提案したら後日受注した、という笑い話です。

20年前の昔話ではありますが、成果ではなく努力で部下を評価してしまう傾向がまだあると思います。

かつての高度経済成長は、機能やスペックで商品を買う、いわゆるモノ消費時代。その時代ではイノベーションが研究開発で起き、開発した商品を広告すれば消費者が買ってくれました。

そのような「モノ消費」時代は、「言われたことだけやる」部下が求められていました。**上司から言われたとおりにすれば売上が右肩上がりで伸びていくため、上司や会社への忠誠心が問われていました。**

どれだけ会社のために汗を流したか、どれだけ頑張って苦労したかが人事評価につながっていたのです。

私自身、上司から「資料を作っておけ」と指示されて、提出したときには「そんなの指示したっけ？」と言われることもしばしばありました。

また、売上や業績への貢献だけでなく、資料作成も成果物として評価されていたので、パワポもどんどん豪華になっていきました。

しかし、**今多くのビジネスパーソンが苦労しているのは「自分たちで考えてやれ」と言われていること。**

商品の機能ではなく、その機能が生み出す価値や体験にお金を出す「コト消費」に変わった現代では、顧客の欲しいものが複雑で見えにくくなりました。

そうなると現場の社員が近くにいる顧客の課題を把握し、それを即座に解決することが「イノベーション」と呼ばれます。

働き方改革関連法案の影響で、「きれいなパワポに何時間かけているんだ！」と怒られる部下が多くなっています。

このような時代ですから、無駄なことをやめて最短距離で成果を残して評価されたほうがスマートです。

管理職の方は豪華なパワポを作ってきた部下を褒めないでください。その資料を使って相手を動かして成果を残してきてから褒めてあげてください。ビジネスパーソンの皆さんはきれいなパワポを作ることで自己満足することなく、必ず目的を明確にしてから作業に取り組んでください。

緻密さや苦労をアピールしたら同情して対価を払ってくれる時代は終わりました。

良いコンテンツで、相手に価値を提供できるのであれば、そこに要した時間は関係ないのです。むしろ、少ない時間でより大きな価値を生み出す人に評価が集まっていきます。

第3章

準備で9割決まる！ 成功するための心がけ11

意思決定者が何を欲しているか、どうすれば動くかを理解してその対策を練ることに時間をかけましょう。「散歩していたら富士山の頂上に着いてしまった」ということはありません。

頂上を決めてから山登りをする

散歩していたら富士山の頂上に着いてしまった、ということはありません。いくら素晴らしい手段（戦術）を持っていても、目的（戦略）が正しくなければ到達できません。

これは資料作成も同じです。その資料を使って相手をどう動かしたいのか目的が明確でないと、達成することはありません。

資料作成の成功は、準備で９割決まります。

動かしたい相手の情報をしっかり把握し、その戦術を練るのです。

相手がどのような課題や要望を持っているのか、相手はどのような情報を欲しているのか、資料を提出した後にどのような行動を期待するのか、資料を見せた後にどう言われたら成功なのか……など必要な情報を整理して、それを実現するために戦術（口説き方）を考えます。

次項で説明するとおり、相手の興味・関心に触れなければ「やる気スイッチ」を押すことができません。野球に興味を持っていない人に、いくらホームランの打ち方を説明しても「ポカーン」となって行動を起こしてくれません。

ただし、そのホームランの打ち方が相手が抱えている課題解決につながれば興味を持ちます。

例えば、腰痛の悩みを持っている人に「ホームランを打つには重心移動が重要で、その動作を身につければあなたの腰痛は軽くなる」という説明であれば、興味を持って学ぼうとしてくれます。

ただ単に情報を出すだけではなく、相手の立場になって相手が抱える課題は何かを理解し、そこに向けて適切な情報を提供していかないといけません。

ホラーストーリーとハッピーシナリオの活用

また、モノと情報に溢れる現代社会では、「そもそも情報なんて欲しいと思っていない」もしくは「課題なんて持ってないよ」という人も多く存在します。

そういった人は具体的に欲しいものを自覚していませんから、いくら情報を出しても動きません。ただ単に水を差し出しても飲んでくれないので、喉を乾かせてから水を提供する必要があります。

そうしたケースでは、痛みを取り除くというアプローチではなく、**ホラーストーリー（怖がらせる話）とハッピーシナリオ（幸せにする話）**で攻めます。

ホラーストーリーとは、「コレしないとリスクがあるよ」という説明手法です。「ライバルのＡ企業とＢ企業がやっているから、うちもやらないと置いてかれるよ」「今使っているソフトウェアは来年にサポートが切れるので、もし新バージョンに切り替えないと何かあったときに大変なことになるよ」といったものがホラーストーリーです。

ただ、これだけではいやいや動くことになり内発的動機ではなく、外からの動機づけですから長続きしません。

そこで、「相手の嬉しさを増す」というハッピーシナリオをつけます。

「人を動かした資料」を分析すると、他社の成功事例を使って嬉しさを増した例を入れていることが多いです。

例えば、満面の笑みやアクティブな体の動きを表現する画像です。**笑顔、特に白い歯と目には影響力があり、幸せな感情が伝わります。**

他社の成功事例を提案書に入れるのであれば、眉間にしわを寄せて力強く話している画像より、関係者みんなが白い歯を見せながら笑顔で笑っている画像を使ったほうが「自分もハッピーになれるのではないか」と想像しやすくなり、自分ごと化してその後の資料を注意深く見る可能性が高まります。

痛みを取るだけの提案だと、マイナスをゼロにするだけでプラスにはなりません。相手はプラスの変化を望んでいるのですから、**「嬉しさを増やす」**という要素が必要です。

対面ヒアリングを通じて、**嬉しいという感情を刺激できたのは、画像と動画**でした。自分がなりたい姿を具体的に絵で表現すると、スムーズに頭に入り嬉しさの感情を共有できます。

営業担当の方であれば、説明をして契約してもらうのが目的でしょう。提案した商品・サービスを理解してもらうだけではダメです。その先にある、契約してもらうという頂上に向けて準備をしないといけません。

全国でトップ成績を収めた生命保険の営業の方に話を聞いたことがあるのですが、**「51%は相手のこと、49%は自分のこと」**を考えて準備に臨むそうです。相手のことを考えてふさわしい商品を提案することはもちろん必要ですが、自分のことを考えることも必要だと説いていました。

勇気づける言葉を資料の最後に

とはいえ、優しくて良い人だけでは、ビジネスで成果を上げることはできません。相手も自分も嬉しくさせるのが営業で目指すべき頂上です。
提供する価値を理解させたうえで、「契約してほしい」と自分の思いを伝えないと相手に伝わりません。

アドラー心理学では「勇気づけ」が相手を動かすことを説いています。
相手が抱える課題に対して、頑張って少し背伸びすれば届くような適切な目標を設定し、「届くよ！」と勇気づけてあげることで相手は挑戦をしようとします。
決して無理な挑戦をさせようとしてはいけません。そもそも人は誰でも相手によって感情や振る舞いを変えるとアドラーは言っています。

「あなたはできない」と見捨てる人よりも、「大丈夫ですよ、できますよ」と言ってくれる人だったら、後者に惹かれて行動を起こそうとするのです。

実際に実証実験でも、**相手の挑戦や行動を促す言葉を最後のまとめスライドに入れたところ、提出先の評価は高まりました。**

厳密なデータは取れませんでしたが、2割程度の行動意欲度のアップが確認できました。ぜひ資料の最後には、**相手を勇気づける言葉**を添えてください。

ちなみに私の講演を聞いた人は93%が「非常に満足」と答えてくれますが、実際に行動を起こす人は20%ぐらいしかいませんでした。

しかし、下のスライドを最後に入れたことにより、満足度は微増だったものの、行動に移した人が40%以上に急拡大しました。この最後の「相手の背中を押すスライド」は人を動かすことができたようです。

行動を変え、
振り返り判断して
意識を変え、
生産性を高めて
未来の選択肢を得る

▶相手を勇気づける最後の言葉

「やる気スイッチ」を押す3つの要素

当たり前のことですが、スライドの中身がわからなければ次の行動を起こすことはありません。

対面ヒアリングをした結果、「要は何？」という言葉を発した際は、感情分析によると怒りや憤りを示し、76%の方の発言はネガティブになるということがわかりました。

実際に、「要は何？」という発言をした際は、提案が受け入れられない確率が極めて高くなりました。

人が行動を起こすのは、「動機づけ＋能力＋きっかけ」の３つが組み合わさったときです。

スライドの内容を理解しないということは、動機づけもきっかけも生み出すことができないということです。

また、**特に人の行動に大きな影響を与えるものは、自分の好奇心や興味による内からの動機づけ（内発的動機づけ）である**こともわかりました。

この内からの動機付けが、**「やる気スイッチ」**です。

相手が興味を持たないものをいくら一生懸命説明しても、「やる気スイッチ」を押すことはできません。

調査を通じてわかったのは、金銭価値や恐怖などの外的動機づけよりも、自身の関心や好奇心を刺激することによって「やる気スイッチ」を押すことができたときに、望んだ結果が得られやすいということです。

また、そもそも意思決定をしないケースは、相手の理解を得られず、動機づけされていないときが多いこともわかりました。

では、どうすれば「やる気スイッチ」を押すことができるのでしょうか。

これは次の3つの仕掛けが必要になります。

「①自己受容」と「②他者承認」

自分がいかに受け入れられているかを実感し、そしてその言動を言葉で認めることです。

したがって資料の中には、相手が思っているであろうことを認め、そのうえでさらに良くなる提案をすることが求められます。

「③自己選択」

自発的に決めるという行為を引き出すためには、相手に選択肢を与えて選んでもらう仕組みが必要です。

調査によって、最終判断は、いくつかの選択肢の中から選ばせるという行為が相手の自発的な行動を引き出すことがわかりました。

以上のことから、資料の中には相手の考えや主張を認める内容、相手がもともと知っていたものを正しいと承認させる内容を含め、最後に複数の選択肢を用意して相手に決めてもらうことが勝ちパターンです。これは後に行った実証実験でも確認できた事実です。

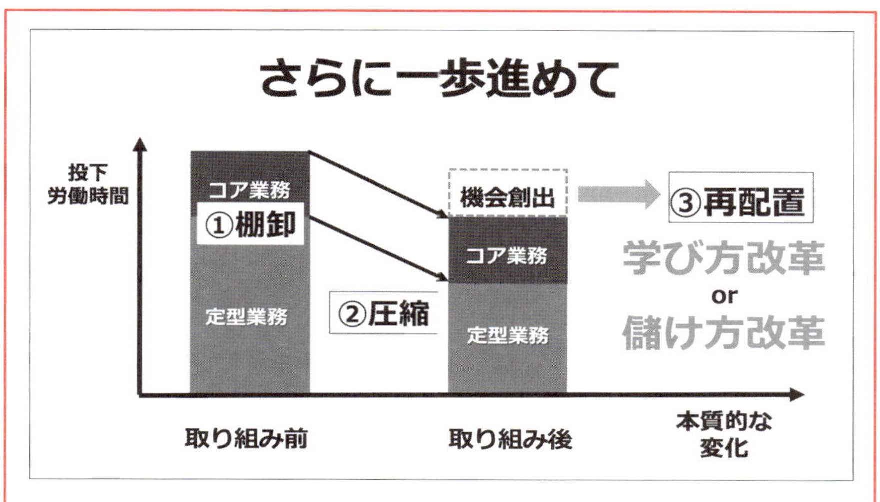

「やる気スイッチ」スライドの例：これまで顧客が行ってきた取り組みを否定することなく、さらにその先の取り組みの選択肢を提示して選ばせる。

資料作成の前に「ストーリー」を作る

資料は人を思いどおりに動かすための手段ですから、相手を具体的にどう動かしたいかを明確にしてください。それが言葉で表現できていないと相手に伝わることはありません。

そして、それをどうすれば相手に伝わるかについて作戦をじっくり練ってください。頑張って資料をきれいに作ることよりも、この戦略作りにエネルギーをかけたほうがスマートに成果を残すことができます。

いきなりパソコンを立ち上げるのではなく、ストーリーを考えます。

相手はこういう人で、こうすれば動くというストーリーを考えて書き出すのです。

この段階では、手を動かさず頭を動かすことに注力したほうが良いため、手書きの作業を推奨しています。

実際に4513人で実験したところ、手書きしてストーリーを作り始めるAチームと、いきなりパソコンを開いてパワポで資料を作り始めるBチームに分け、その所要時間と効果を調べたところ、手書きスタートのAチームは、Bチームよりも作業時間が20%削減されました。

いきなりパソコンを開いてパワポを立ち上げてしまうと、図を動かしたり文字を記載したりすることに集中してしまい、結果的に作業時間を浪費してしまうことが多いのです。

まずはホワイトボードやノートを使って、戦略を練りましょう。そして誰に、どのように行動してほしいのか、目的を明確にして、ステップとプロセスを考えましょう。

この段階で、おおまかにスライド構成を決めます。例えば、**制限時間と相手の属性に応じてスライドの枚数や文字数を決めます。**

そして、**結論が書かれたスライドをどこに置くか決め、そこに相手の意識を誘導させるように設計します。**

この書籍も、まず手書きでストーリーボードを作りました。

成果が出ていない人が良かれと思ってやってしまっている実例と、膨大な調査結果をどのように結びつければ読者に伝わるか、といったシミュレーションをノートに書きまくりました。

この書籍の目的はより多くの読者にパワポ作成の本質が伝わり、資料の作成方法を変えることにあります。

ですから、執筆作業よりもその前のストーリー作りに時間をかけました。しっかりしたストーリーができていれば、文章を打ち込んでいく際に迷うことが少なくなり、結果的に無駄なくスマートに執筆作業が進みました。

下準備

・まず初めはPowerPointを使わない→脳が止まりやすい

・Wordや手書きでアイデアを出し、全体像を構成→パワポ作成

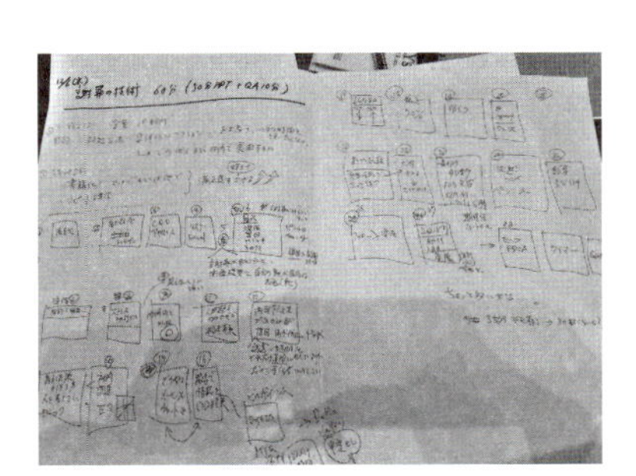

ストーリーを「アイドカ」に落とし込む

手書きで全体のストーリーができたら、スライドの枚数や順番などの構成を組み立てます。

情報で相手に行動を起こさせるという意味では、広告モデルと似ています。潜在顧客の購買行動を促すために、メッセージとデザインを使って相手の「心をつかむ」という手法です。

中でも有名な広告モデルは、**AIDMA（アイドマ）**と**AISAS（アイサス）**です。これらは、一般消費者が商品の認知から購買に至るまでのプロセスモデルとして、購買行動や広告の効果を測る際に使われています。

4513人の実証実験では、各自平均5.8回の資料説明をして、成功確率が高かったモデルを導き出しました。

相手の役職や業種、関係性や提案内容の魅力など変動要素は多いですが、実際に勝ちパターンを頭に入れておけば、ゼロからスタートするより無駄なことをせずにスマートに作成できます。

実験ではB2B（法人向けビジネス）向けが多く、インターネット購買ではなく対面（もしくはオンライン会議）での提案や打ち合わせも多かったため、ソーシャルやB2C（一般消費者向けビジネス）に特化したAIDMAやAISASモデルではなく、AIDCA（アイドカ）モデルで最も成果が出ました。

AIDCAは、相手に購買を促すプロセスです。

相手と共鳴して相手に行動を起こさせるには、AIDCAの4段階目の文字であるC、つまりConviction（確信）が重要であることがわかりました。

「確信」とは、相手の説明に対して「取り入れる価値がある」と考えを固める行動ですから、情報を取り入れて自分ごと化して、その後の行動に移るためには必須のステップです。自分が提供する情報および価値に興味を持つだろうと思われる相手の状態を、望ましい状態に変化させるために各ステップで必要な情報を用意するのです。その変化を「欲しい」と思ってもらった後、「確信」を持ってもらい、「行動」へと促す流れになります。

AIDCA（アイドカ）モデル
Attention：相手と変化（価値）を知る
Interest：興味を持つ
Desire：欲しい
Conviction：確信する
Action：行動する

準備したコンテンツとストーリーが相手の行動を促すように準備できているか、AIDCAモデルに記入してみましょう。抜けや漏れがないか確認できます。

	A	I	D	C	A
	Attention 認知	Interest 興味	Desire 欲求	Conviction 確信	Action 行動
相手の状態	知らない	興味はある	何となく欲しい	まだ分からない	まだ行動しない
目指す状態	知る	興味が増す	欲しくなる	確かな信用	行動する
・どうすれば良いか	・最新のスマホを認知させる	・相手が感じている痛みや悩み、嬉しさを推測する	・相手の興味・関心に触れそうなものを並べる	・同じ課題を持った人が既に解決したという事例を紹介する	・今買う理由を伝える
・何が伝われば良いか	・発売されたという事実	・提供される新たな価値	・相手の需要にフィットすること	・再現性があること	・今買わないことのリスク、今買うことのメリット

▶ 記入例：最新のスマホを紹介して相手に購入してもらう資料のストーリー

提供する価値を「顧客視点」で事前に整理する

繰り返しになりますが、意思決定者の願いは、課題を解決することです。

そしてその方向性には2種類あり、目的が決まっているそれを達成するパターン、つまり利益向上や市場シェア拡大など「得たいこと」や「獲得したいこと」に注意が向く**"目的達成型"**と、優秀社員の退職や慢性的な長時間労働といった「なくしたいこと」や「やめたいこと」に意識が向く**"問題回避型"**があります。

相手がどちらを課題と思っているかによって、情報の出し方が変わってきます。

例えばスポーツジムに通っている人に、「どうして運動しているのですか？」と聞いたとき、"目的達成型"の人は、「来月のマラソンの大会に向けて」「スマートな体型を維持して異性にモテるため」といった返答をします。

一方、"問題回避型"の人は、同じ質問に対して「来月の健康診断のため」「痛風などの病気にならないため」といった返答をします。

同じスポーツジムに通うという行動にしても、意識の方向性が違っているのがわかると思います。

"問題回避型"の特徴

"問題回避型"は、**自分の意思にかかわらず外の圧力によって取り組まざるを得ないケースが多い**です。

健康診断で良くない結果が出たり、会社の財務状況が悪化したり、離職率が急拡大したり、現取引先で不祥事が起きて代わりを探さないといけなかったり、社長から突然指示が来たり、ネガティブ・サプライズ（予測しなかった悪材料）

であることが多いです。

ですから、それに対する解決方法を依頼され、打ち合わせまでの期間が短いのが特徴です。

突然に提案を依頼されるときは“問題回避型”であることが多いです。相手の痛み・悩みが明確で期限が決まっていますので、確実に決めてくれるのが特徴です。短い期間での解決を求めますので、解決の質よりも解決のスピードが求められます。じっくり確実に解決するよりも、すぐに解決することを求められるのです。

そういった事情を理解したうえで、何もしないことがリスクであることを勇気を持って伝えるべきです。相手の背中を押してあげるコンテンツを資料に織り込むのです。

“目標達成型”の特徴

“目標達成型”は、ポジティブなエネルギーが起点となることが多いです。輝かしい未来の目標に対して解決策を探しているケースです。

ただし、**明確なゴールが設定されていることは少なく、前向きな数値目標を設定するように求められる**ことがあります。

ですから、“目標達成型”は数字で「未来への変化」を表現することが効果的です。相手の競合（ライバル企業やライバル部署）を意識した提案が相手の感情を揺さぶります。

“目標達成型”のケースでは、相手が評論家になることが多いです。「普通は～」や「常識でいえば～」といった口癖の人は“目標達成型”が多いです。

思考が前向きである反面、動かなくてもすぐにリスクが降りかかるわけではないので、意思決定しないことも多々あります。情報収集に時間をかけて決めてくれないパターンなどです。

この"目標達成型"の人は、現在の痛みを取ることよりも、いかに輝かしい未来を想像させるかが鍵です。自分はいかに幸せになれるかという感情価値にコストを払う人たちです。

ですから、**良いイメージが湧きやすいように画像や動画で感情を刺激するのが効果的**です。

また、決めないリスクを避けるために、社内の稟議書に添付できるような資料を用意してあげると良いでしょう。市場状況や調査結果、競合他社の情報などデータが相手の背中を押すことになります。

それぞれの対応策

相手の方向性が違えば、伝わる言葉も変わってきます。

例えばスポーツジムの勧誘でしたら、"目的達成型"の人には「パーソナルトレーナーがついて自己記録を更新する走り方を指導します」といった売り文句が響くでしょう。

このタイプに「マイペースでゆっくり運動できます」と言ってもピンときません。

一方、"問題回避型"の人に「速く走れますよ」「フルマラソンで完走できる体力がつきますよ」とアピールしてもベネフィットを感じません。

このように、顧客への提案の場合は提供する価値を顧客視点で事前に整理しておく必要があります。

全体像を理解するには、**「バリュー・プロポジション・キャンバス」**の使用をおすすめします。私のパワポ講座の生徒さんたちにもおすすめしているテンプレートです。

右が相手（客）、左が自分です。"問題回避型"の人は、嫌なことをなくそうとします。その人の嫌なことを右の円に書き出し、その嫌なことをどうやって減らすかを左に書き込みます。

相手が“目的達成型”だったら、何が嬉しいことで、どうやったらその嬉しさを増やすことができるのかを記入します。

また、“目的達成型”の人には、「本当はしたいのだけど、できていないこと」もヒアリング（もしくは想像）して右に書き込みます。

最後に、自社の（自分の）製品・サービスが提供する課題解決策を書き込みます。

このように相手と自分を分けて書き込むことで、全体像を捉え提案に漏れがないかを確認し、製品・サービスを前面に出して相手の興味を引くモノ売りから卒業することができます。

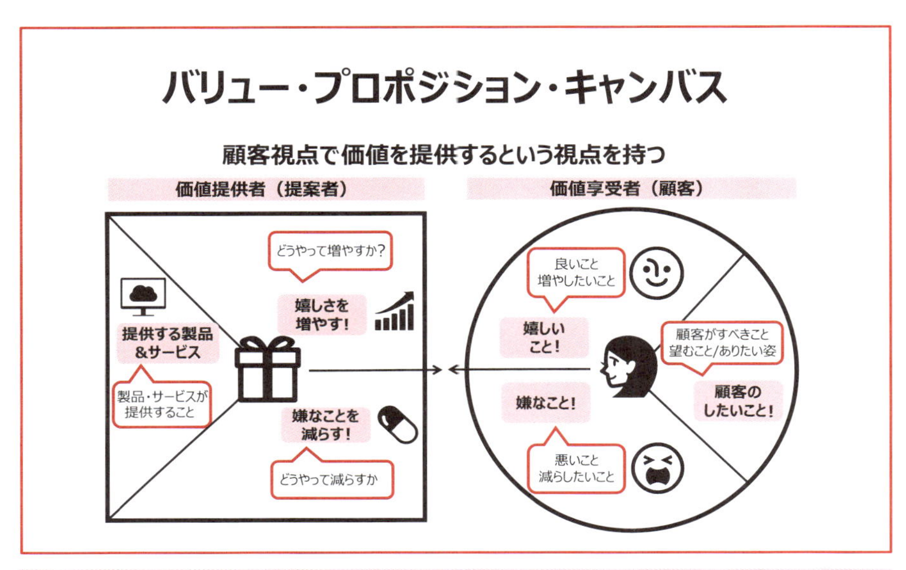

▶ バリュー・プロポジション・キャンバス

最初と最後が肝

相手に行動を起こしてもらうには、最初と最後が肝心です。相手の課題を解決しつつ、自分の要望を最初と最後に伝えないといけません。

この課題解決と要望を相手に鮮明に印象づけるには、第一印象を意識して、そして長く記憶に残すために最後に決まり文句を入れるのです。

「最初に与えられた印象・情報が、その後のその人の評価に強く影響する」という心理効果があります。第一印象がその後もずっと強く残るということです。これを**初頭効果**と呼びます。

特に人と人とが対面する説明においては第一印象がとても重要です。第一印象で信頼を獲得できれば、仮に説明中に言い間違えたとしても、さほど影響はありません。

また、最後の締め方も重要です。「私はあなたにこう動いてほしい」というのは、最後のスライドで記載すると効果的です。

「人を動かした資料」の78％に「まとめスライド」があり、うち67％に「相手に求める具体的な行動」が記載されていました。

まとめスライドは、相手が主語になって書かれていることが多かったです。

そして、自分たちが主語になっているものは相手に対して行動を約束していました。

例えば、「我々はお客様の希望するスケジュールでプロジェクトを完了することを約束します」と記載した後に、「そのためにお客様には必要な情報と人をタイムリーに出していただきます」といった依頼を書けば、相手が協力してくれる可能性が高くなります。

これは日本人が特に影響を受けやすい「返報性の原理」であることがわかりました。返報性とは、人から何かやってもらったとき、「お返しをしなくては申し訳ない」というような気持ちになるという心理作用です。スーパーで試食のソーセージを食べたら、その後にソーセージを1袋買ってしまう行動心理です。相手がしてくれたのだから自分もしなきゃ、という心理になるわけです。

返報性の原理は資料を使って相手を動かすケースでも通用します。

ですから、相手に一方的な行動を求めるのではなく、自分たちも動き相手の行動を誘発させることが必要になるのです。

特に自分たちの約束することを文章に書いておけば、その覚悟は相手に伝わります。それを見た相手は「自分も行動を起こそう」という動機づけになるのです。

返報性の原理を用いた心理テクニックで**「ドア・イン・ザ・フェイス」**があります。最初は必ず断るであろう大きな要求をして相手に断らせ、最初よりも小さな要求をすることで、相手に要求を受け入れさせるテクニックです。

とはいえ、返報性の原理をやりすぎるのは問題です。

体験入学で来た参加者に露骨な勧誘をすると、不快な気持ちになりむしろ悪い印象を与えることにもなります。何事も適量でないといけません。最低限の節度を持って、テクニックを使いましょう。

▶まとめスライドの例

相手の嬉しさを増やす

人の痛みを取り除くだけでは、まだ不十分です。痛みや悩みを解決したら、さらに嬉しさを増やしていきましょう。

すでに本人が意識している悩みを解決するのはもちろんですが、**まだ本人が気づいていないニーズを掘り起こす**ことも必要です。

調査でもわかったのですが、一部の意思決定者は課題解決＋αを望んでいました。「今までしたかったことをできるようにしてくれる」といった願望を実現することを望んでいるのです。

これを資料に反映させるならば、単に見えている課題を解決するだけではなく、「こういった潜んだ願望があるだろう」という仮説をもとにして、いくつかの願望実現策を用意しておくことが相手に好印象を与えることにつながります。

ある食品メーカーの提案書では、相手の課題を解決するだけではなく願望実現によって、スーパーマーケットでの導入率を高めたという事例がありました。

調味料の設置スペースを有効活用できるコンパクトなパッケージを提案しただけではなく、店舗のスタッフがより簡単に陳列できる方式を提案資料に盛り込んだところ、競合他社よりも提供価格が高かったにもかかわらず、採用が決まったそうです。

店舗スタッフを考慮して提案したという心遣い、つまり嬉しさを増やす提案が店長の意思決定に影響を与えたことがわかりました。

また、こういった**プラスの感情を刺激するコンテンツは、文字よりも画像が効果的である**ことがわかりました。

第2章で画像の効果的な使い方を説明しましたが、豊かな感情を表現するには画像がより効果的で、その実現した様子を容易に脳の中でイメージさせることが相手の意思決定に強い影響を与えます。

「感情派向け」の資料作成のコツ

難しい意思決定をするときに、感情は邪魔になると考えられがちです。感情さえなければ、冷静で抜け目のない選択ができるはずと思っている人は多いでしょう。

しかし、実際はそうではないようです。

ポルトガルの神経科学者アントニオ・ダマシオは感情を持つことを妨げる脳損傷を負った人々について長年研究した結果、**感情がなくなると決断ができずに身動きがとれなくなる**、ということが判明しています。

実際のところ、例えばおにぎりの具材を鮭か昆布のどちらにするかなどの選択となると、理屈ではなく感情が物を言うでしょう。

しかし、数学やチェスなど、もっと複雑な決定の場合はどうでしょうか。そのような計算が、人間の気まぐれな感情に左右されることなどあるのでしょうか。

フランスのグルノーブル大学のトーマス・ガンツら研究チームは、こうした複雑な計算ですら感情に左右されることがあるという結論を出しました。アントニオの研究にしてもトーマスの研究にしても、人が複雑な問題をうまく解くうえで、感情は重要な役割を果たしていることがわかります。

ですから、感情で物事を決めるのは決して否定されるべきではありません。

826人の意思決定者へのヒアリングは、弊社6人のメンバーで行い意見交換をし合ったのですが、共通していたのは**創業者系列の経営者、手の動きを大きくして説明する大手企業の営業部門役員、ベンチャー企業の上級役員、若くして要職に就いた人、などは自分の感情で重要なことを決めていました。**

では、そのような感情派にはどのような資料作成が求められるのでしょうか。

弊社の持参した複数の資料を見比べてもらったり、実際に自身で決断した資料を見せてもらったりして、その傾向を探りました。

その結果、意思決定に影響を与えた資料の特徴として以下3点を見出しました。

1．冒頭と最後に画像（特に人の画像）が使われている
2．疑問形よりも言い切る型で提案が行われている
3．提案の根拠となるデータや数字も記載されている

感情で判断するということは、シンプルに自分が気持ち良くなったか、嬉しくなったかが重要ですので、小さい文字がぎっしり詰まった資料は完全にアウトです。

冒頭でそのような文字ぎっしりスライドがあったら、その後の説明を聞く気が失せるそうで、結果として文字が少なく画像や動画を中心とした資料が多かったです。経営者に対しては、あまりカジュアルな画像は使えないものの、笑顔の人物が入ったスライドを見るとポジティブな感情になる方は多かったです。

そして感情派は、発表者の熱量も見ています。その主張や提案に思いが込められているかどうかをよく見ています。

感情派は論理派よりも発表者を見る時間が1.7倍も多いという結果が出ています。情熱や思いは資料だけでは判断できないため、説明する人の力強い表情や身振り手振り、声の大きさに注目している、とインタビューに答える意思決定者はとても多かったです。

また、「〜でしょう」や「〜のほうが良いでしょう」という緩やかな提案形式ではなく、「〜すべき」「〜です」と言い切り型で断定するほうが相手のハートに刺さるようです。

感情で決めるときは、確固たる根拠がないケースもあるため、相手から断定されたほうが安心して結論を出してくれることが多いことがわかりました。

意外だったのは、3番目のデータや数字の根拠が含まれていたことです。

感情で決める人には、客観的なデータが響かないと思っていました。
しかしヒアリングを通じてわかったのは、感情派の人も社内の他の人を説得するためには、データや数字が必要だと思っていたことです。
自分自身の決定は感情で行い、他者を説得する材料としてデータが必要だということでした。

「感情が先、数字が後」という順番が重要です。

感情派の意思決定者には、文字ではなく画像や動画で相手が嬉しくなるイメージを思い描けるようにしてください。情熱を込めて言い切り口調で説明し、意思決定を促すように相手の背中を押してあげてください。そして、その後に社内プロセスに必要なデータと数字を提供し、最後にまた嬉しさを増やす画像や動画で締めくくりましょう。

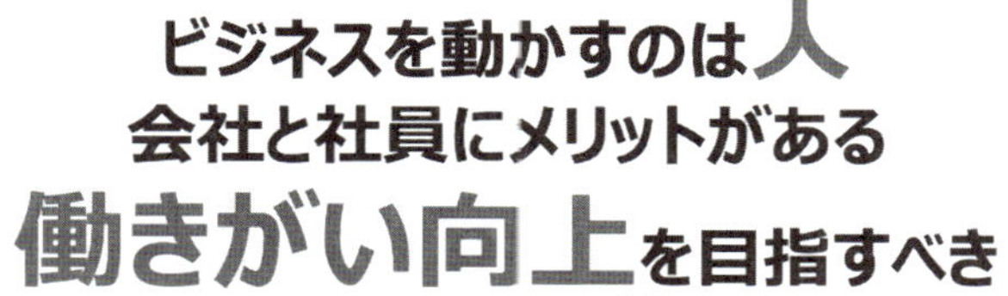

嬉しさを表す画像を入れて、キーワードを相手の記憶に残こす。数字の根拠も右下に入れて、他者を巻き込むときの材料を提供する。

「論理派向け」の資料作成のコツ

神経科学者アントニオの研究でも証明しているとおり、**感情を持たない人は論理的な人ということではありません。また論理派の人はまったく感情を持ち込まずに決断しているかというと、それも違います。**人の意思決定には感情が必要で、完全に冷静で合理的な決定をすることはできません。

ただし、なるべく感情を抑えて、客観的なデータをもとにして判断しようとする人はいます。以前より複雑な課題を解決しなくてはいけない現代では、効率的でより確実に対処するには、過去のデータに頼りたくなります。数学の方程式を使った説き方がずっと同じであるように、ビジネスにおいても実証された方程式があったほうが成功しやすいと思ってしまいます。できるだけ良い結果、つまり成功確率の高い結論を出すために、論理的に考えようとします。

以下の５つのステップで論理的な決定がなされます。

1. どのような結果にしたいのかという明確な目的を持つ
2. 目標達成に影響を与える要素（変数）とその要素間の相互関係を理解する
3. 要素の組み合わせ方のパターン（＝選択肢）を確認する
4. 選択基準（評価軸）を設定する
5. 比較の結果を結論とする

対応する相手が論理派であるかどうかは、感情派よりも判定するのが難しいですが、選択肢を複数用意したほうが喜ぶかどうかで推測はできます。なぜなら、感情派は複数の選択肢を用意するよりも、提案する側に断定してもらいたいと思っているからです。

またヒアリングを通じてわかったのは、**論理派のほうが苦痛軽減を好む**ということです。感情派はポジティブな側面を重視し、今ある嬉しさを増やすコンテンツを好んでいました。一方、論理派は今感じている苦痛や悩みを解消するコンテンツを欲していました。また、成功確率を高めようとする論理派は、再現性を重視しており、特定の業界でしか実現しないことを嫌い、より多くの業種・業態でも実現している成功パターンを望みます。これらのことを踏まえ、論理派向けの資料では、以下の6点を用意する必要があります。

1．相手の目的を明確にし、その達成方法の概要を冒頭で説明すること
2．成功するための要素（変数）が何かを説明すること
3．調査や実験などの結果を数字・データで説明すること
4．学説や法則を用いてその数字・データの信頼性を高めること
5．事例や実証実験をもとにして、再現性が高いことを説明すること
6．最終判断のための評価軸をもとに選択肢を用意すること

実際に、のちに4513人で行った実証実験では、数字・データ・再現性を必ず資料に織り込み、案件成約率22%アップに貢献しました。

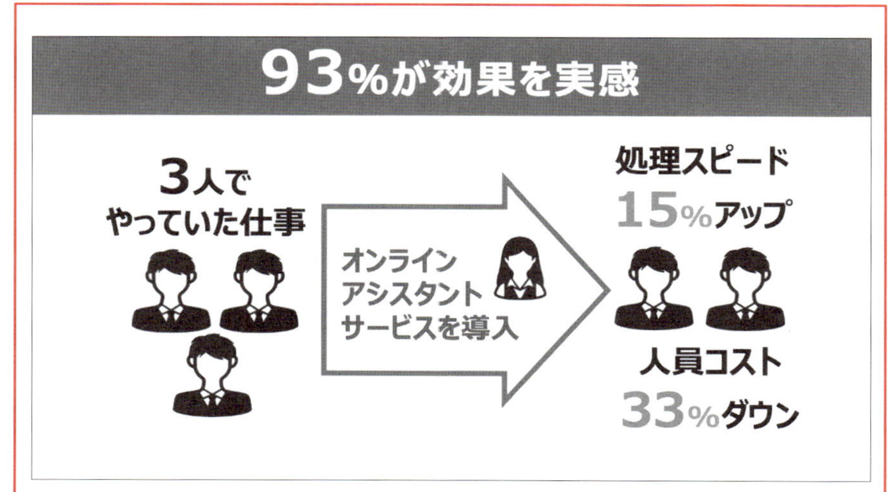

他の顧客が具体的にどのような変化があったかを数字で表現。こういった変化の実現方法の説明資料が複数あるほうがいい。

「自分ごと化」で共感を得る

いわゆる「やる気スイッチ」は内発的動機の中にありますから、相手に興味・関心を持ってもらう必要があります。そのために行うプロセスが「自分ごと化」です。

「自分ごと化」とは、提供した情報が自分にとって関係のあるものだと思ってもらうことです。

つまり、多くの情報の中で「この情報は記憶しておいたほうがいいな」と判断し、脳内で保管されたときが自分ごと化された状態です。

風邪をひいたことのない人に、画期的な風邪薬をアピールしたところで、脳内に記憶しようとは思いません。

しかし、その人がもし初めて風邪をひいたならば、そのアピールは脳に入ってくるでしょう。これは実際に風邪をひいたことにより緊急度が高まり「自分ごと」になったからです。

同じように、パワポで資料を作ったことのない学生に、この本は自分ごと化されないでしょう。

しかし、「パワポの作成術を知っておけば就職活動に有利になる」と伝えたら「自分ごと」に昇格する可能性が高まります。

「あなた、こうなんですよね？ だったら、この機能が良いに決まってますよ！」という一方的な押しつけは相手に受け入れられません。むしろ気持ちは離れていくでしょう。

ですから、**最初に共感が必要なのです。**相手の痛みや嬉しさに共感をして関心を持ち、そのうえで相手の変化を実現しようとするのです。

相手の課題が明確にわかっていなかったとしたら、想定する課題の対象をピンポイントに絞ることなく、対象範囲を広げてみましょう。
「太っていたらコレが効く」ではなく、「健康に不安があるあなたにはコレが効く」といったように設定するのです。

このように大きな網を張って、相手の反応を見て掘り下げていくのが成功パターンです。ですから冒頭でこのような問いかけをして相手の反応を確認する必要があるときは、必ず相手の表情を見ながら説明を進めてください。相手の表情が緩んだり、うなずいたりする様子が見えたら共感を得たという証拠です。

冒頭で共感を得ることができれば、その後の説明が記憶に残りやすくなりますので、**下のようなスライドは表紙の直後（2ページ目）に入れるのが効果的**です。

このような悩みをお持ちではないですか？

2年以上改革やってるんだけど…

経営陣が、昭和の働き方

上司の口癖が「前例がないから……」

在宅勤務すると、社員がサボるから……

最初に想定した悩みを投げかけて、共感を得る。

「フィードフォワード」で差し戻しをなくす

資料作成で最も効率が悪いのは「差し戻し」です。じっくりと時間をかけて入念に作った資料が、最後の最後でダメ出しされ、また作り直すという非効率な作業です。

これはダメ出しする側の時間もエネルギーも奪います。作成者に改善点を勇気を持って提示し、再提出された資料を再び見直す時間が必要となるからです。

差し戻しをなくすためには、**「フィードフォワード」**をしましょう。

「差し戻し」が発生するのは、作成者と提出先の思いや考えがズレていたことによるものです。そのズレを早い段階で見つけて、早めにそれを埋めてしまうのです。

提示先の相手に、完成前に途中経過を見てもらい意見をもらっておくと、完成後の差し戻しを避け、結果的に作成時間を短縮できます。これを、フィードフォワードといいます。

フィードフォワードでは、資料の完成度が20％の段階で、その資料の差出人に先に見てもらい意見を求めます。

これにより、良かれと思ったことが本当に良かったのか、また相手の思考や興味・関心がわかり、相手を動かしやすくなります。少なくとも、不必要な作業は行わずに済むので、作業効率は飛躍的に上がります。

実際に弊社のクライアント18社3.2万人でフィードフォワードを徹底しました。ある電子機器メーカーと流通サービス企業ではフィードフォワードの徹底により、**差し戻しが78％減り、資料作成時間が15％減り、相手を思いどおりに動かした確率が20％上がりました。**

このフィードフォワード環境を実現するために、資料を作成する前にその提出先にその機会を承諾してもらうことが前提になります。

自分の作業効率を高めるという目的ではなく、相手の必要なもの・欲しいもの以外のものを排除するために、相手が効率的に情報を見るためにフィードフォワードが有効であることを事前に説明してください。

例えば、「先日依頼された資料ですが、このような感じで作成を進めています。イメージは合っていますでしょうか？　もし相違があれば、フィードバックしてもらえると助かります」といった具合に聞いてみるのです。

この申し入れをして断られるケースはほとんどなく、実証実験では91%の意思決定者が承認してくれました。

また、この電子機器メーカーと流通サービス企業では、後に資料作成だけでなく、システム開発やプロジェクト管理でもフィードフォワードを採用し、残業時間が大幅に抑制されました。

なお、**資料を提出もしくは説明した後に、感想や改善点などのフィードバックを必ずもらってください。**その振り返りを次の行動に活かせば、結果も作成時間も改善できます。

クライアント企業25社で人事評価の上位5%を優秀社員（計3135人）として言動を調査・解析したところ、この5%の社員は他者からの意見を尊重し、それを自身の改善活動の参考にしていました。つまり、他者からのフィードバックをもとに過去を振り返る「内省する時間」を設けていたのです。

彼らは1週間、遅くとも2週間に1回は15分程度で過去の仕事を振り返り、「今週の仕事のやり方はどこがまずかったか」「来週からもっと効率的に仕事を進めるには、どうすべきか」を考えて翌週の行動に活かしていました。その内省に必要なのが、他者からのフィードバックです。

フィードフォワードの環境を事前に準備して無駄な作業をなくし、フィードバックによって自分の行動をバージョンアップしてください。

COLUMN

重要“そうな”資料の93%は必要なかった

ある製造業のクライアント企業でオフィス移転があり、その作業に立ち会ったことがあります。

そういった引越し作業で必ず出くわすのが書類の整理です。溜まりに溜まった紙の資料を整理していく際に、「これは要らない」とゴミ箱に捨て、「これは必要だ」もしくは「これは必要になるかもしれない」と思った書類は段ボールに入れて新しいオフィスに持ち込みます。

皆さんは、**この「必要“かもしれない”資料」は本当に必要になったのか検証したことはありますか？**

たまたま2年半以内に2回のオフィス移転をしたクライアント企業が2社あったので、2回目の引越し作業の際に、その「必要“かもしれない”資料」が1年以内に使われたのかどうかランダムに58人を選んで調査しました。

調査対象は約7000枚の資料、1人100枚超の“かもしれない”資料です。それが1年以上経って実際に使われたかどうか仕分けしてもらいました。

すると、何と93%の資料が使われるどころか触られることすらありませんでした。

この2社は都心部に入居している企業で、1平米につき毎月3万円以上のテナント料（家賃）を支払っています。使われない資料のためにスペースを占め、テナント料を払い続けていたわけです。

仮に1年以上経って“かもしれない”資料が使われるとしても、それは電子ファイルやスキャナーでデジタル化して保管しておくべきです。そのほうが必要な情報を検索できるので、資料を探す時間も減らすことができます。

このような"そうな"資料はパワポ作成でも無駄です。
例えば、経営会議では気合いを入れて資料を作成する人が多いです。
しかし、頑張って作成した資料の20%程度は経営会議で使われていないことが調査で明らかになりました。

800人以上の企業では、役員会議を1時間開催するのに、現場の社員たちは70〜80時間かけて準備し、その65%は資料作成に費やされていました。
にもかかわらず、実際に使用されなかった資料は20%以上もあり、それを用意する時間は不要だったわけです。

気合いを入れてたくさん資料を作成すれば評価されるのではないか、何か質問があったら補足資料を見てくれるのではないか……。そういった妄想は意味がありません。使うだろうと思った資料を作成していたら、いくら時間があっても足りません。
必要かどうかを事前にしっかり判断し、ときには諦める勇気も必要です。100%の情報を目指すのは無駄です。それ以外で成果を残してアピールしましょう。

第4章

「一発OKプレゼン」を実現するテクニック8

しっかり準備して資料が完成したら、それをしっかり説明することで相手は動いてくれます。相手と対話しながら「伝わる」ことを目指しましょう。

プレゼンを始めるうえでのポイント

本章では、プレゼンの極意を紹介します。せっかく良い資料ができても、プレゼンで失敗しては元も子もありません。プレゼンは経験が物を言う部分もありますが、ここではテクニックで成功に導く方法を取り上げます。

資料はできるだけ配布しない

資料の説明をする際に、印刷した資料を配布するケースが全体の73%と大半でしたが、私はおすすめしません。

826人の意思決定者に聞いたところ、配布資料があると67%がその資料を流し見してしまいます。

そうすると、勝手に都合の良い情報に変換してしまう傾向があるからです(これを「確証バイアス」といいます)。

資料は、相手を動かすことが目的ですから、その誘導ができずに勝手に解釈されるのは本意ではありません。

仮にどうしても配布する必要があるのであれば、スクリーンに表示する説明資料のコンパクト版で白黒印刷して配布してください。

そして考えさせたい内容や、重要な点はあえて空欄にして相手に記載させたほうが効果につながります。

配布資料はあくまでも復習用の素材であり、聞いた人が他の第三者に伝えてもらうための素材にもなります。

しかし残念ながら、資料だけが一人歩きするとその価値や思い、そして重要なポイントが薄れていってしまい、相手に行動を起こさせるのが難しくなります。ですから、資料を配布すべきかどうかは状況と目的に応じてじっくり検討してください。

説明時間を宣言し、質疑応答の時間を確保する

また、資料の説明時は、開始直後が聞き手の集中力が最も高まっていることもわかりました。

ヒアリングの中で特徴的だったのは「自分の貴重な時間を無駄にしないでほしい」とのコメントが多かったことです。

つまり、「私の忙しい時間を奪うなよ！」ということです。

例えば1時間の会議の場合、1時間を無駄にするかどうかが気になり、冒頭でその発表者の発言を聞いて、どう過ごすか決めます。説明開始直後に気を引いておかないと聞こうとしてくれないのです。

冒頭でどのような点を気にしているかをヒアリングすると、「自分が持っていない気づきを持ってきてくれるか確認している（42％）」「私の課題（痛み）を解決してくれるかどうか判断している（67％）」「その人の思い（情熱）を見ている（31％）」「外見を見ている（45％）」ということでした（※517人の複数回答）。

このことから、表紙のタイトルで相手に与える変化を約束し、表紙をめくった次のスライドで、この資料によってどの変化をどのように与えるかを宣言しないといけません。

目次を作る必要はないと思いますが、**その説明時間を宣言し、最後に質疑応答の時間を十分に確保しておいてください。**

多くの顧客商談や社内説明会議において、この質疑応答で次の行動が決まるケースが散見されましたし、もし資料や説明でミスをしてしまっても質疑応答で挽回できるケースも多数あったからです。

相手からの信頼を勝ち取る方法

肩書きではなく実績をアピールする

人は相手によって態度や行動を変えます。信頼関係のある人の話はじっくり聞き、信頼のおけない人を軽視する傾向があります。

同じ内容を伝えても、その発信者に信頼があるかどうかによって聞く姿勢が変わり、理解度や行動意欲にも影響があります。

その信頼を作るものが**経験**と**実績**です。

自分と同じ課題を先に解決した人のことを敬います。同じ課題を解決した経験と実績があるからです。

したがって**情報発信者は、その経験と実績をもとにして「伝える資格」を獲得しなければなりません。**相手が真剣に資料を見ようと思わせるように、「私にはあなたに伝える資格があります」ということを最初に理解してもらわなければならないのです。

もしあなたがサーフィンを学びたいと思ったら、サーフィンをしたことのない人に教わろうと思いますか？

不健康な人に頭痛の直し方を聞くよりも、お医者さんに聞きたいですよね？

「お金持ちになる方法を教えます」と言っている人がお金持ちではなかったら、その方法は信用できませんよね？

これは情報提供全般に共通します。「あなたがそれ言う資格ないでしょ！」と思われたら、いくら良い解決策があっても相手は聞いてくれないのです。

ですから、よく知るメンバーとの社内会議であっても、資料説明の冒頭で自分には「伝える資格」があることをアピールしないといけません。

顧客向けの提案資料であれば、自己紹介や会社概要を説明する際に、「伝える資格」を入れることは必須です。

第一ソリューション統括本部 第二インダストリーグループ ソリューション開発エンジニアの……という自己紹介はあり得ません。

相手は所属名など興味ありません。なおさら長い所属名なんて迷惑です。

私は年間で3000人ほどと名刺交換しますが、長い所属名が書いてあるのを見ると、「ああ、顧客のことを考えない内向きな会社なんだな……」と残念な気持ちになってしまいます。

ですから、パワポの表紙で記載する所属名もできる限り省略して短くしてください。

そして**アピールすべきは所属名でも肩書きでもなく実績です。それを数字で表現してください。**

「第一ソリューション本部で流通業界を担当しています」というよりも、「この2年間で56社の流通業のお客様が抱える課題を解決してきました」という紹介のほうが確実に相手は聞く気になります。

もし自分の実績がないとしたら、組織の実績を紹介してください。もしくは自分ではなく他者の事例を紹介して「このようにすれば解決するという方法を私は知っている」とアピールしましょう。

会社概要も実績ベースで

また、提案資料の「会社概要」に気をつけてください。

住所や役員数、会社の歴史などが小さい文字で埋め尽くされていませんか？

それは一方的に伝えたいことを入れているだけで、相手を置き去りにしています。

会社の説明をするのでしたら、必ず「伝える資格」を載せてください。

これまでにどういった企業のどのような課題をどれだけ解決してきたのか、を伝え、「だから、あなたの会社の課題も解決できるのです」ということを相手にわからせないといけません。

今は会社名や会社ブランドだけでモノを買うことはありません。

会社自体ではなく、会社が提供する価値に対してお金を払うのです。

「人を動かした資料」に含まれていた会社概要は、その多くが提供してきた課題解決の事例や、社外表彰の証を数字でアピールしていました。

3年連続で働きがいランキングトップ10、ニューオフィス大賞を獲得（900社のエントリーの中から）といった具合に「伝える資格」を記載していたのです。

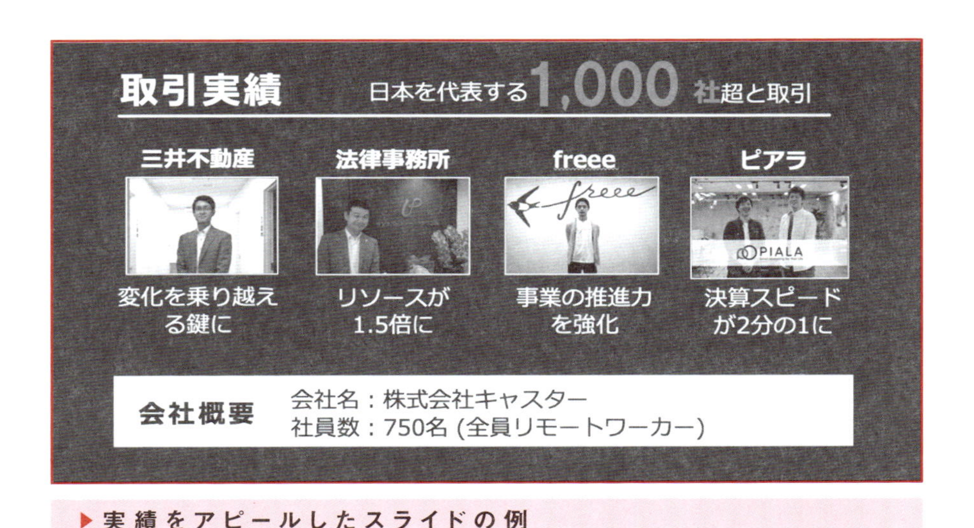

▶実績をアピールしたスライドの例

一瞬で信頼を高める「問いかけ」

『7つの習慣』で有名なスティーブン・R・コヴィーの長男である、スティーブン・M.R.コヴィーは書籍『スピード・オブ・トラスト』の中で、「互いの信頼が高まれば、ビジネスのスピードが上がり、コストは下がる」と力説しています。

まったく知らない人とビジネスをするためには、相手を理解することや関連情報を確認することなどに時間がかかり、良いスタートが切れないことがあります。

これはプライベートでも同じことが言えるでしょう。

付き合いたての男女であれば、気を使って事細かに言葉に表して意思表示するはずです。

しかし長年連れ添った夫婦であれば、「あれ持ってきて」と言うだけで相手が爪切りを持ってくる、ということもあるでしょう。同じ時間を一緒に過ごすほど関係は強くなっていきますから、朝9時に出社して朝礼をしてチームの結束力を高めるという企業が多く存在していたのです。

しかし、**目まぐるしい変化の中でスピード感を持ってスマートにビジネスをするためには、短期間で関係を構築する必要が出てきます。**

新しい顧客、新しい同僚と何年もかけて仲良くなるのでは間に合わないわけです。そこで短期間で信頼を獲得する術が必要になってくるのです。

『スピード・オブ・トラスト』では、信頼構築に「誠実」「意図」「力量」「結果」という4つの要素が備わっている必要があると書かれています。

謙虚で誠意を持って対応すること、相手を知ろうとすること、相手に任せる勇気を持つこと、共通ゴールを設定し結果が出たら共に分かち合うことにより、信頼を構築できると言っています。

中でも、良い問いかけをすることで信頼を構築できると勧めています。

実際に、**「人を動かした資料」の中に、冒頭部分でしっかり問いかけをしているスライドを多く目にしました。**

「コストだけ重視して大丈夫ですか？」や「人手不足で悩んでいませんか？」といった具合に、疑問形で相手の反応を見ながら、適切なコンテンツの説明をしていくスタイルです。

確かに、私自身も経営者としてサービスの提案を受けることもありますが、あなたに足りないのはこれだ！ と上から目線で断言される資料は、きちんと見ようとも思いません。

良い問いかけをして、足りていないところは何か、なぜそうなったのか……、と課題を掘り下げていくことで、相手に自身の考えを整理してもらいます。

そして、どうやってその足りないギャップを埋めていくかを対話によって一緒に確認していくことにより、少しずつ信頼関係が構築されていくのです。

関係の浅い相手に資料を見せて動かすためには、このような問いかけにより一緒に考えて信頼を構築する姿勢が求められます。

▶冒頭部分で問いかけをしているスライドの例

テクニック04 この言葉が出たらプレゼンは成功

意思決定者は資料に対して気づきと学びを求めています。忙しい中で時間を割いて資料をしっかり見てもらうには、相手にメリットがないといけません。

また資料の中にある情報を見ることが目的ではなく、その情報をどのように活用するかを意識させないといけません。
調査では資料の情報を得ることを目的にする人は22%で、獲得した情報を自分の言動に活かそうとする人は61%いました。

また、相手を動かすことができた資料の作成者と、826人の意思決定者の両方にヒアリングをして、相手から次の言葉が出たら好意的に捉えている、ということがわかりました。

「なるほど、そういうことか」
「わかった、よしやってみよう」
「意外と良かった」

このように、資料を説明したことによって、相手の知識と意識が変わり、価値や意義に共感してもらえれば、一気に相手が行動を起こす可能性が高まります。
そのためにも、当たり前のことをただ伝えるだけではなく、相手が持っていないであろう「気づきや学び」を与えて、「嬉しい裏切り」をすることで、行動誘発につながります。

「要は何？」という質問を避けるための方法

数字や視線を意識して説明しても、最後に「要は何？」と言われたら良い結果は得られません。

ヒアリング調査においても、「要は何？」という言葉を発するケースは、怒りや憤りの感情を表現することが多かったです。

つまり相手にとって、要点がわからない資料は理解だけではなく怒りを生むということです。

この「要は何？」に対処するには2つのパターンがあります。

まず1つは、**相手が報告と提案のどちらを求めているか確認すること**です。

もし前者の報告を求めているのであれば、最初に問題の事象を説明し、その後に発生原因を説明することにより、多くのケースで相手を理解させることができました。

例えば、優良顧客のクレーム処理を報告するケースであれば、まず具体的に、どのような影響を・誰に・いつ与えたかを時系列で説明します。「10月1日にオペレーターが宿泊予約の処理をミスしてしまい違う日で予約を完了し、同日に顧客Aさんに電話した。そして、宿泊前日にそのミスを顧客Aさんが見つけ、コールセンターに入電し、再予約を試みたがすでに満室で代替ホテルを予約して連絡したがつながらず……」というように事実を説明します。

そのうえで、その問題が発生した理由を説明します。「オペレーターの予約ミスに気づく仕組みがなく、個人に依存した処理になっていた。そして社内の情報連絡が不十分で顧客をたらい回しにしてしまい、顧客の怒りが増して対応に時間を要してしまった」という説明です。

もう1つのパターンは、提案です。

提案では、先に結論としての解決策を提示し、その後、データや数字を使ってその効果を具体的に説明し相手を納得させていきます。

もし相手が、眉間にしわを寄せるような難しい表情したときは、結論である解決策に戻りましょう。

そして数字やデータに対して疑問を呈するような表情が出た場合は、解決策を示したうえでそれにつながる数字の根拠を具体的に説明していきます。

経営者には数字の表現が好きである一方で、その算出根拠を事細かく聞いてくる方もいます。

つまり数字は、根拠のないものをむやみに使うものではなく、必ずその解決策につながる意味のあるものを使う必要があるのです。

資料の中では「1課題」「2原因」「3解決策」「4効果」の４つが、この順番で並んでいること。そして、それぞれが「なぜ？」「だから、どうする？」「すると、どうなる？」という言葉でつながっていること。それだけで相手から「要は何？」と突っ込まれなくなります。

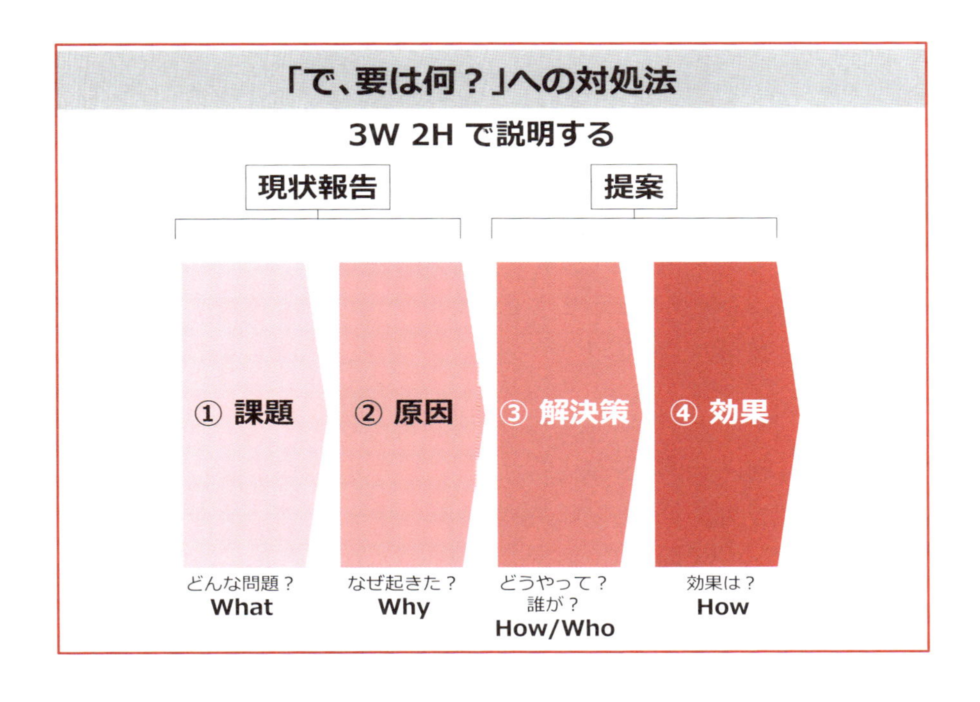

最初の30秒で目線を上げる

悲しいことに、プレゼンの時間が経つごとに相手の集中力はどんどん減っていきます。その集中力の下降カーブを緩やかにするには、**最初の30秒の使い方が重要**です。

プレゼン開始直後は聞き手のエネルギーレベルが最も高いにもかかわらず、このタイミングで他のことにエネルギーを傾けていたら、その後にこちらに関心を持ってもらうのが難しくなります。

中でも聞き手の集中力を奪うのはスマホです。プレゼン開始時にスマホの画面を見ている人は、その後も何度もスマホを見る可能性が高くなります。

プレゼン開始時はスマホが最大の敵です。何としてでもスマホの画面から、スクリーンもしくはプレゼンする人のほうに視線を持ってこないといけません。

そこで私がよく実践しているのは、**目立ちやすいネクタイやチーフを着用して、その説明をすること**です。

例えば、「今日は御社のブランドカラーである赤色のネクタイを急きょ近くのお店で買ってきました」と発言して、目線を私に向けるのです。会場が広くて、プレゼンする人が見えにくければ、スクリーンの上部に目線を持ってくるようにしてください。また、第2章でお伝えしたように、**画像やアイコン、3Dモデルをスライドの上部に持ってくれば興味をわかせることができます。**

他にも、**私は3Dモデルを挿入して、マウスでグリグリと360度回転させることもあります。**プレゼンのストーリーには直接関係のない行為ですが、最初に目線を上げておかないと後で視線をコントロールすることが難しくなるので、必ず最初の30秒で聞き手の目線を上げる仕掛けをしています。

レーザーポインターではなく、マウスのポインターで

プレゼン中、スクリーンと話し手へ交互に視線を集めることでより印象的に記憶に留めることができます。

そこで、多くの方はレーザーポインターを使って視線をコントロールしようとしますが、私はおすすめしません。レーザーポインターだと、どうしてもポインターをピッタリと止めることができず揺れてしまうからです。話しながら操作すると揺れやすいですし、なおさらプレゼンで緊張していたら揺れが激しくなり、動揺している様子が聴衆に伝わってしまいます。

代わりにおすすめしたいのが**「マウスのポインター（矢印マーク）」**です。マウスであれば、テーブルの上で固定して揺れを防ぐことができます。またマウスのポインターなら、スライドショーモード中にキー操作せずにマウスを動かせば良いだけです。

大きな会場でプレゼンをする際に、ポインターを後方席にも見えやすくしたいのであれば、事前にWindowsのマウスの設定でポインターを大きく表示しておきます。

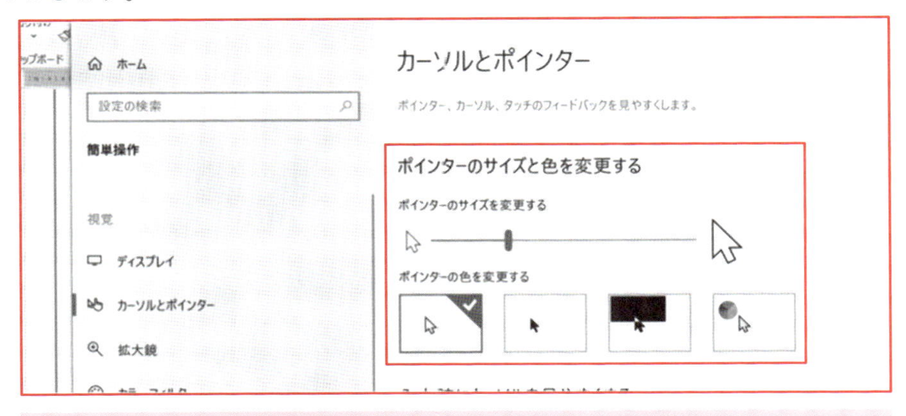

▶マウスの設定：事前にカーソルのサイズと色を変更しておく。

うなずきながら話すと共感を呼ぶ

「資料作成では、相手に共感することが重要」だと第3章で説明しました。

この共感は言葉だけでなくジェスチャーで表現することができます。

それが**うなずき**です。

私がプレゼンをするときは、7割以上を聞き手に体を向けて話します。

話者の視線や体がスクリーンに向いてしまうと、聞き手に背中やお尻を見せることになり一体感を生みません。

さらに共感を呼ぶためには、話者に向かって笑顔でうなずきながら話すのです。ゆっくりとうなずきながら聞き手を見渡し、同じようにうなずいている人がいないか探します。

もしうなずいている人を何人か見つけたら、その人たちと同じペース、同じタイミングでうなずくようにして同調していきます。すると、うなずいている人の周りに伝播して同じようにうなずき始めます。

プレゼン会場内でこのうなずきの連鎖を起こすことができれば、話者と聞き手が一体となり共感し合っている状態になります。

最もうなずくのが会場前方の聞き手です。

前方からうなずきの連鎖を起こし、その波を丁寧に後方へと伝播していき、最終的に最後列の聞き手をうなずかせることができれば、受講後のアンケートで満足度90%以上は確定です。

聞き手の満足度が高いと行動意欲度が高まり、実際に行動する人が増えます。プレゼンでも相手と共鳴して思いどおりに動かすことが目的です。

COLUMN

私の資料は会ったことのないアシスタントが作成している

作り方のルールが決まっていれば、他の人に作業を依頼することもできます。私もパワポを作成するのは得意なほうですが、自分では作らずにアシスタントに依頼しています。それも会ったことのないオンラインアシスタントに。

自分でやったほうが速い場合もありますが、他のことに使ったほうが自分の価値を発揮しやすいのであれば、自分の時間をそちらに使います。

相手と共鳴するためのシナリオは自分が手書きで作りますが、その手書きメモをパワポ資料にしたり、既存の資料の修正作業をしたりしてくれるのはオンラインアシスタントです。

基本的にチャットで依頼して、チャットで完成したパワポを受け取るので会ったことはありません。

これは**「CASTER BIZ」**という月額のオンラインアシスタントサービスで、パワポ作りだけでなく、資料作成に必要な調査、スケジュールの管理、領収書の処理といった広範囲な業務を遠隔でサポートしてくれます。

一人が対応してくれるのではなく、多勢のアシスタントで各業務においてスキルを有する人が作業してくれるので安心です。結果的に**年間360時間の節約**につながっています。

クラウドサービスのOneDriveにパワポを保存しているので、URLを共有すれば共同作業もできます。3枚目と7枚目はオンラインアシスタントが、4枚目から6枚目はパリにいる弊社メンバーが作成するといったことも可能です。

令和の時代に生き残れるのは、必要なことだけする人材です。

定型業務はAIや優秀なアシスタントに任せて、人はゼロから新たなものを生み出す創造力、新しいことを受け入れる柔軟性、新しいことや困難への適応力といった要素を身につけていかなくてはいけません。自分の将来を考えて、やめることを決めましょう。

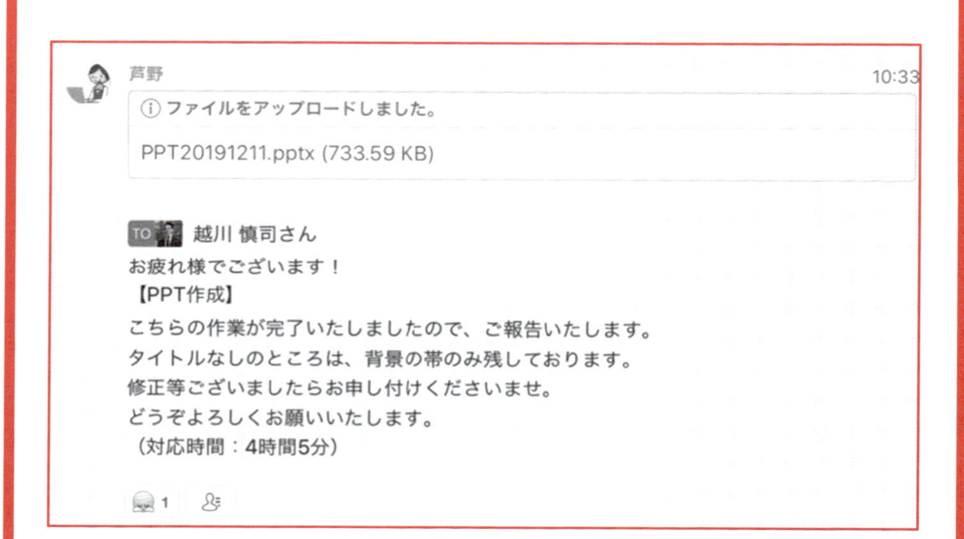

上の図は、オンラインアシスタントとのやり取りの例です。目の前にいなくても問題なく業務が進みます。年に100件以上の講演がこなせるのもアシスタントのおかげです。月に30時間の節約につながっています。

第5章

元パワポ責任者が教える年80時間の時短術9

私がマイクロソフトに在籍したときに身につけた、1万2000人のパワポ作成術受講者が実践して成果を上げた再現性の高いテクニックを紹介します。

1万2000人が効果を実感したパワポ時短術

ここまで作るべきパワポの中身やデザインは説明してきましたが、これを実践するために皆さんが最も足りないのは時間（能力）です。

時間がないと精神的な余裕もなくなり、止まって考えようとしません。無駄なことをせずにスマートに成果を残すために、時間を作りましょう。その時間を生み出す時短術を本章で紹介します。実際に弊社では全員がこのテクニックを実践し、全員が週休3日を実現しています。

文字や図形画像などを使って相手を思いどおりに動かすためには、その手段を実現するツールであるパワポの機能を必要な機能を知っていたほうが、より短い手間で同じ効果を引き出すことができます。

例えば、20枚の日本語のスライドを英訳し英語版も作成するとなると、一字一句を翻訳して5〜6時間かかるでしょう。

しかし、パワポの自動翻訳の機能を使えば7秒間で翻訳してくれます。パワポに画像を挿入してその配置を調整するのも、マウスを使うよりもデザインアイデアを使ったほうが10分の1の時間で作業を終えることができます。

このように、パワポでそもそも何ができるかを理解していれば、無駄に時間をかけて作業することはなくなり、どうやって相手を動かすか、どのコンテンツが相手のハートに刺さるかといった考える時間により多くの時間を割くことができます。

実証実験でも、作業時間の長さと成果の相関関係は必ずしも一致しておらず、作業時間よりも考える時間の比率が多いほうが成約率が高かったという調査結果が出ました。ここからは、実際に1万2000人のビジネスパーソンが使ってみて効果があったものを具体的に紹介します。

「Word文書」をインポートする

102ページですぐにパワポを立ち上げずにストーリーボード（台本）を書くことをおすすめしました。

ストーリーは手書きではなく、テキストでWordに打ち込んでも問題ありません。Wordであれば、パワポのようにテキストボックスや図形をマウスで動かす作業がなく、頭を使いながら集中して文字を入力できるからです。

Wordに書き出したストーリーを簡単にパワポへ変換することができます。

パワポの「ホーム」から「新しいスライド」の右にある「▼」をクリックし、一番下に「アウトラインからスライド」を選択します。そしてWordで作成した文書を選択すれば、一発でパワポにストーリーが反映されます。

なお、選択した文字に複数の書式を付けるときは、「Ctrl」+「Shift」+「F」キーを押して、「フォント」ダイアログボックスを開くと便利です。「フォント」ダイアログボックスを素早く開けば、複数の書式をまとめて設定できます。

このように追加の操作は必要ですが、ゼロからスライドを作成し、ストーリーの文字をコピー＆貼り付けをするよりは圧倒的に楽です。ぜひ一度試してみてください。

「ショートカット・ツールバー」で図形を揃える

図形やテキストが揃っていない状態で意思決定者に資料を見てもらうと、並んだ図形の一部が少しでもズレていると気になって、そこに目がいってしまうそうです。

ですから仕方なくピッタリと合うように調整する作業が必要です。

ただ、マウスを使ってそれらの配置を調整するのは効率が悪いといえます。

あるクライアント企業の調査では、パワポ上で図形と画像、テキストを1週間に10分以上動かしている社員がいたそうです。

つまり、**単純計算で1年間に約7時間半をかけてマウスで調整しているのです。**

この疲れる作業を効率化するには**「図ツール」**を使ってください。

例えば「図ツール」の「センタリング」を使えば、指定したものが一発でスライドのど真ん中に配置されます。複数の図形を指定すれば、その図形グループ内で「左揃え」や「中央揃え」ができます。

しかし、このように配置を調整する度に毎回この配置機能を探してボタンを押すのは面倒ですし、ショートカットキーもあるのですが、Alt + H + G + A + 特定文字（揃え方によって指定されたアルファベット1文字。例：中央揃えならC、左揃えならL）と4つのキーを押さないといけないので、ショートカット・ツールバーの登録をおすすめします。

例えば、**図形の配置を調整する際に、いちいち「書式」メニューから「配置」を選んで「中央揃え」とすると、探すのも操作も面倒ですので、こういったよく使う機能を左斜め上のツールバーに登録しておくのです。**

登録は、ツールバーの一番右に下を向いた矢印があります。

ここを押すと、ショートカット・ツールバーにどの操作を登録するのか選択できますので、よく使う機能を選択して、右のボックスに移動させます。

私が強く推奨するのは、**図形の調整**です。先に説明した真ん中に寄せるなどは「図ツール」に入っています。

この「図ツール」というコマンドを選び、例えば「オブジェクトを右に揃える」や「オブジェクトを中央に揃える」を選択し追加すれば、右のボックスに入り、「OK」を押せばツールバーにその操作のアイコンが加わり、一発で操作ができます。

このショートカット・ツールバーでは「フォント」も選べますので、文字を拡大・縮小するなど自分がよく使う機能を登録しておけば作業も短い時間で完了できるのです。

実際に、このショートカット・ツールバーを入れて作業時間を比較した私の講義のある生徒は、パワポ作業時間を10%以上削減できたそうです。

ショートカット・ツールバー

❶上下に整列
❷左右に整列
❸オブジェクトを中央に揃える
❹オブジェクトを上下中央に揃える

パワポ時短に役立つショートカット

パワポには、便利なキーボードショートカットがたくさん用意されています。知っておくと作業の効率を上げることができ、ストレスなくスライド作成を行うことができます。

ここでは4513人のビジネスパーソンが実際に使い効率が高まったと回答があったショートカットを、評価が高かった順にランキング形式で紹介します。

なお、Altが含まれるものはリボンのキーボードショートカットを使っています。

＜効率アップしたショートカットTop10＞

第1位：テキストボックスを挿入する　Alt + N、X
第2位：図形を挿入する　Alt + N、S、H
第3位：直前の操作を元に戻す　Ctrl + Z
第4位：直前の操作を繰り返す　Ctrl + Y
第5位：新しいスライドを追加　Ctrl + M
第6位：画像を挿入する　Alt + N、P
第7位：配置したオブジェクトのグループ化 オブジェクトを選択　Ctrl + G
第8位：選択したテキストのフォント サイズを変更する Alt + H、F、S
第9位：スライド内のテキストボックスやオブジェクトをコピー　Ctrl + D
第10位：選択したオブジェクトやテキストをコピー　Ctrl + C

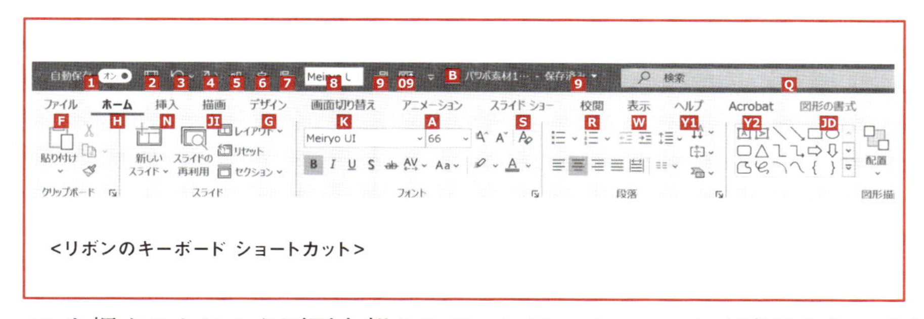

<リボンのキーボード ショートカット>

Altを押すことにより画面上部のリボンにアルファベットが表示され、それを押すと機能のショートカットができる仕組みです。

このAltを使いこなすとマウス操作を40%減らすことができ効率的です。

リボンには、タブに関連するオプションがグループ化されています。

例えば、「ホーム」タブの「段落」グループには「箇条書き」オプションが含まれています。

Alt キーを押して、キーヒントというリボンのショートカットを、上の図のように、タブとオプションの横にある小さい画像の文字として表示します。

キーヒント文字を Alt キーと組み合わせると、リボンオプションのアクセスキーと呼ばれるショートカットを作成できます。

Windows 10の「クリップボードの履歴」を活用

Windows 10のOctober 2018 Updateで導入された「クリップボードの履歴」はWindowsユーザーなら必須の機能です。

この「履歴」機能を使えば、コピーしたテキストや画像のデータを利用したり、よく使うデータをクリップボードに保存しておき必要に応じて呼び出したりすることができます。つまり、**このクリップボードを使いこなせば、重複作業を減らすことができる**わけです。

以前までのクリップボードでは「コピー」または「カット」した最新の1つのデータしか保存できませんでした。

例えば、Wordなどで「越川」をコピーし、次に「慎司」をコピーすると、クリップボードには「慎司」しか残っておらず、「慎司」しか貼り付けることができませんでした。

これが最新のクリップボードでは「履歴」を呼び出すことができるようになり、過去にコピーまたはカットしたデータを選択して貼り付けること（ペースト）ができるようになりました。つまり、コピペ（コピー&ペースト）をより効率的に使えるようになったのです。

「クリップボードの履歴」機能は、キーボードの「Windows」キーと「V」キーで呼び出すことができます。有効になっていない場合は、有効になっていないと警告が表示されるので、「有効にする」ボタンをクリックすれば簡単に有効になります。

設定画面からも有効化できます。「スタート」メニューの「歯車（設定）」アイコンをクリックし、「Windowsの設定」画面を開いて「システム」をクリックします。「システム」画面を開いたら、左ペインの「クリップボード」を選択します。ここで「クリップボードの履歴」をオンにするだけで機能が有効化され、「Windows」＋「V」が使えるようになります。これまでのクリップボードと同様、最新のデータを貼り付けるのであれば、単に「Ctrl」＋「V」キーなどで貼り付けをすれば良いでしょう。

「クリップボードの履歴」では、直近25件ほどの履歴が保存され、それより古いデータは履歴から消えてしまいます。

そこで、よく利用するデータは、ピン留めしておけば、履歴から消去されないようになります。**資料作成でよく使うフレーズや定型文は、クリップボードにコピーしておき、ピン留めしておくと便利です。**本著の執筆でもクリップボードを使いまくり、確実に時短ができました。

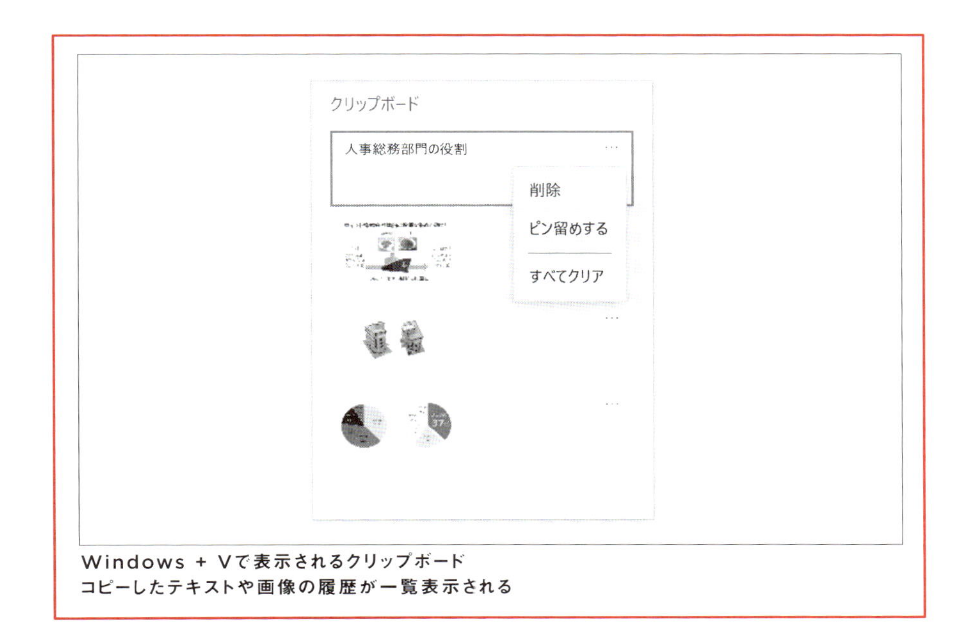

Windows ＋ Vで表示されるクリップボード
コピーしたテキストや画像の履歴が一覧表示される

「スライドマスター」で事前設定

同じ作業を繰り返さないことが時短の鉄則です。**フォントを変えたり、ページ番号やカラーを変えたりする作業を繰り返さないように、先にテンプレート（雛形）を作りましょう。**

表示タブから「スライドマスター」を選択し、自分のテンプレートを作りましょう。
特に、フォントの設定は必須です。
「スライドマスター」から「フォント」「フォントのカスタマイズ」へと進み、英数字および日本語文字の見出しと本文のフォントを指定します。

第1章でお伝えしたとおり、日本語文字はMeiryo UI、英数字はSegoe UIが視認性が高く相手に伝わりますので、その組み合わせを事前に指定しましょう。

最後にそのカスタマイズした設定に名前を付けて保存します。これでいつでもこのフォント設定を呼び出せるようになります。**この事前設定によって、毎回フォントを変える必要がなくなります。**

先にフォントを登録しておく

スライドマスター　表示

1. 表示 > スライドマスター

スライドマスター　フォント

2. スライドマスター > フォント

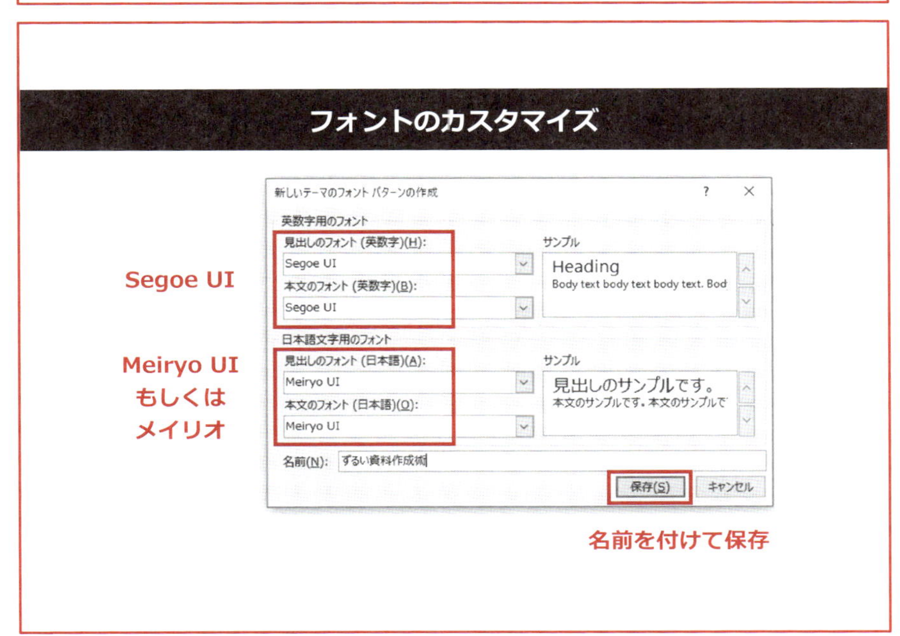

画像調整してくれる「デザインアイデア」

一般消費者向けのOffice 365 Soloや企業向けOffice 365などの月額課金型サービスを利用していると、「Officeインテリジェンスサービス」という機能が使え、クラウドサービスとAIのパワーを活用できます。中でも時短に効果的なのがパワポの「デザインアイデア」です。

スライド上に画像を挿入して、マウスで操作しながら大きさや配置を揃えようとしたことはあると思います。

画像が下に配置されたので最上面に持ってきたり、4つの画像の大きさをピッタリ揃えようとしたり、揃える作業をしていたら時間だけが過ぎていく……という経験をしたことがある人も多いはずです。

先ほど紹介したように、図形や画像、テキストを年間7時間半も動かしている方もいるわけですから、画像もスマートに整えましょう。

Office 365のパワポを使用していれば、初期設定でパワポデザイナー機能がオンになっており、スライドに複数の画像を挿入すると自動的にデザインアイデアが起動し、画面右にデザイン候補が表示されます。

挿入した画像をすべて同じ大きさに整えるだけでなく、挿入した画像に合わせて統一感のあるレイアウトを提案してくれます。画像4点までであれば、スムーズに大きさを調整してくれます。

スライドに画像を挿入したら、まず画面横のデザインアイデアに候補が出ていないかをチェックし、自分が希望するものがあればそれを選べば良いのです。

マウスで調整するよりも断然ラクで、2〜3分かけていた画像配置の作業が2秒で終わります。

デザインアイデアの例。マウスではなかなか揃わない４つの画像が一発で揃う。

AIで自動翻訳

グローバルビジネスに携わっているビジネスパーソンも多いと思います。顧客や上司に言われて、日本語と英語のパワポを作るように依頼されることもあるでしょう。

そういうときは、**パワポの翻訳機能**を使ってください。

メニューから「校閲」へ移動し、「翻訳」を押すと、マウスで対象の文章を指定するだけでパワポ内の小窓で翻訳してくれます。

これを使えば、一語ずつ翻訳サイトで調べる必要がなくなり、ブラウザに切り替える必要もないので、効率も集中力も高めることができます。

さらに追加ソフトをインストールすれば、すべてのスライド内の文字を瞬時に自動翻訳してくれます。

パワポの標準機能ではありませんが、マイクロソフトが提供しているツール「Presentation Translator」をインストールすれば簡単に利用できます。

マイクロソフトのサイトから**「Presentation Translator」**をダウンロードしてインストールするだけで、「スライドショー」メニューに「自動翻訳」ボタンが出てきます。

Presentation Translatorダウンロードページ（マイクロソフトのサイト）
https://www.microsoft.com/en-us/download/details.aspx?id=55024

そのボタンを押し、ファイル内の言語と、翻訳したい言語を指定してOKを押すと、瞬時に全文を翻訳してくれます。

例えば、20枚の日本語スライドを英語に翻訳するのは7秒ほどで完了します。これを1語ずつインターネットで調べて翻訳していくと、4時間以上かかります。

日本語から英語への翻訳だけでなく、英語から日本語、中国語からドイツ語など60言語以上の組みあわせでAIが自動翻訳をしてくれます。

私はフランスやタイ、米国、香港にクライアントがいますので、このツールを活用しています。精度は95%ほどで固有名詞や業界用語の翻訳は難しいですが、それでも時間と費用を削減できています。

かつては翻訳会社に依頼していましたが、このツールで自動翻訳してから翻訳会社に最終確認だけ依頼するようにしたら、納期は約1/4に費用は約1/3になりました。

この「Presentation Translator」にはサブタイトル（字幕）機能もついています。PCを使ってスライドショーでプレゼンしている際にマイクをオンにして「字幕を使用する」にチェックを入れれば、**話した言葉をリアルタイムで翻訳し、字幕として画面に表示してくれます。また、翻訳する言語も字幕表示の位置も指定できます。**

多言語の参加者に説明する際には、ぜひ活用してください。

資料フォーマットを統一

経営会議で使われる資料のフォーマット（様式）を統一すれば、23%の作業が減ります。

従業員数800人以上の顧客の経営会議では、1時間の開催のために現場の担当者は平均73時間を費やして準備していました。その大半が資料作成です。

しかし作成した資料の約4割が実際には使われていませんでした。

そこで、クライアント企業7社で経営会議の資料フォーマットを各社で統一し、資料の作成枚数も1テーマにつき1スライドに統一しました。決まったフォーマットと枚数制限を厳守させました。資料をたくさん作ってくるというアピールを消滅させました。

そのルールを徹底した結果、まず経営会議で資料を説明する時間が短くなり、時間内に終わる確率が1.5倍に上がりました。

また、会議中に議論する時間が増え、想定以上に良いアイデアが出るようになりました。また決裁された決議事項数も22%増え、スピード経営に貢献することになったのです。

加えて、資料フォーマットだけでなく、作成のガイドラインを作成したところ、さらに作成者の作業時間が減りました。各社で効果のあった経営会議資料のルールを次ページで紹介します。

〈経営会議資料のルール〉

1．タイトルは35文字以内で目的が明確になるように記載しましょう。

2．質疑応答も込みで所要時間を入れましょう。多くのケースで質疑応答により共感と意思決定が生まれますので、資料の説明だけで終わらないように気をつけてください。資料の棒読みは禁止です。

3．説明の流れはセクション番号で表現します。矢印で誘導することもできますが、番号のほうが正確に誘導できます。

4．グラフのカラーは抑え気味で。アピールしたい部分はアクセントのあるカラーを使い視線を誘導しましょう。

5．できる限り定量的に表現し、計画を説明するときは特に３W（いつWhen、誰がWho、何をするかWhat）を意識しましょう。

6．資料の目的は相手を思いどおりに動かすことですから、期待する行動を必ず入れましょう。

おわりに

「早く帰れ」「売上は落とすな」「自分たちで考えてやれ」「電気を消して帰れ」これだけだと、“働き方改革”ではなくて“働かせ方改革”ですよね？

働き方改革という言葉はあまり好きではありません。**目指すべきは「儲け方改革」です。**短い時間でスマートに成果を残せば、会社は儲かり、個人は収入がアップします。

私が立ち上げた株式会社クロスリバーは、口だけ出すコンサルタント集団ではありません。我々はお客様と伴走しています。いわゆるスポーツジムで「この器具を使ってみましょう」と言うトレーナーです。より良い結果をより短い時間で出すように指導しています。

ただし、お客様にやっていただきます。

儲け方改革も働き方改革も何か手品があるわけではなくて、ある法則にのっとって地道に実行するだけなのです。有効な手段が空から降ってくるわけではないので、その正しい道を一緒に進みながら指導させていただくという立場です。

本書は、“こうやればうまくいく”という上から目線のコンサルティングではなく、お客様と一緒に実践して“こうやったらうまくいった”という事実をもとにその成功する方式と失敗しない方式をまとめたものです。

ですから調査やデータの数字にこだわりました。

また、**誰でもすぐに実践できて成果が出るように、複数の企業で実証実験を重ねているので再現性が高いです。**間違った道に行かないように、正しい道筋を示しました。

本書の目的は、皆さんの行動を変えることです。

「パワポってこうやって作るのだな」「準備が重要なのだな」「伝えることではなくて、伝わることなのだな」と理解できたら、それを次のパワポ作成で実践してください。

そして、その結果を振り返ってください。「あ！ 意外と良かったな！」となれば、意識が変わってきます。
意識が変わると腹落ち感が出て、行動をさらに改善していき成果を残して「働きがい」を持つことができます。

働きがいを持つビジネスパーソンは全国で25%います。この働きがいを持つ社員は、そうでない社員よりも作業効率は45%高いです。営業の方だと達成率は1.6倍高いです。働きがいを持っていると自分も幸せだし、会社の成長にも貢献する。これが私の目指す改革です。

私自身もWindowsにこだわらずMacやiPadでも資料作成しましたし、Apple Keynoteを使って資料作成やプレゼンもしました。日本だけでなく、パリやシアトル、ホノルルでも資料を使って商談を行い、検証してきました。
マイクロソフトを卒業して3年が経ちましたが、11社との競合の末に年間研修プログラムを受託したり、6社の世界大手コンサルとの競争入札の末に業務委託契約を勝ち取ったりと、今回のパワポ術を使ってビジネスを拡大することができています。ぜひ皆さんも一発OKをもらう達成感を味わってください。

最後に、本書の作成に協力いただいたクライアント企業の皆様、1万2000人のパワポ講座の受講者の皆さん、そしてヒアリングに協力してくれた826人の皆さん、実証実験に参加してくれた4513人の皆さん、16万2000人のクライアント企業の皆さん、調査データの取りまとめに協力してくれた弊社クロスリバーのアグリゲーターの皆さん、録音データの文字起こしや資料作成をしてくれた株式会社キャスターのオンラインアシスタントの皆さんに、心より感謝申し上げます。これは皆さんとの共同財産です。
そして本書の制作を支援していただいたかんき出版編集部の庄子錬さん、教育事業部の山縣道夫さんに御礼申し上げます。ぜひとも多くのビジネスパーソンに正しいパワポ作成術を広めていきたいと思います。

【著者紹介】

越川 慎司（こしかわ・しんじ）

◉——株式会社クロスリバー代表取締役社長。株式会社キャスター執行役員。元マイクロソフト執行役員・PowerPoint事業責任者。

◉——国内通信会社、外資系通信会社、ITベンチャーを経て2005年に米マイクロソフト本社に入社。その後、日本マイクロソフトに転籍し、PowerPoint事業責任者、Officeビジネスの担当役員を務める。

◉——2017年に株式会社クロスリバーを設立。AIをフル活用して週休３日でクライアント企業を支援。日本企業529社への支援を通じて業務変革を実現、年間110回以上の講演を提供するなど、幅広く活動。

◉——元PowerPoint事業責任者の経験を通じて、成果につながる資料作成等の講座を２万人以上に提供し、受講者満足度は94%。826人の意思決定者へのヒアリング、５万枚以上のスライドをAI解析した結果、「一発OKを引き出す資料作成術」を導き出す。このノウハウを９社4513人に実施したところ案件成約率は平均22%上がり、作成時間は20%減少した。その成果をまとめたのが本書である。

科学的に正しいずるい資料作成術（かがくてきにただしいずるいしりょうさくせいじゅつ）

2020年２月３日　第１刷発行
2020年３月９日　第２刷発行

著　者——越川　慎司
発行者——齊藤　龍男
発行所——株式会社かんき出版
東京都千代田区麹町4-1-4 西脇ビル　〒102-0083
電話　営業部：03(3262)8011㈹　編集部：03(3262)8012㈹
FAX　03(3234)4421　振替　00100-2-62304
http://www.kanki-pub.co.jp/

印刷所——新津印刷株式会社

 ISBN978-4-7612-7472-6 C0034